子どもの心を動かす体験がそこにある！
「自然遊び」でひろがる
0歳からの保育
編著・鈴木 八朗

はじめに

子どもと自然との出合いを演出する「自然遊び」

自然から遠ざかっていくくらし

みなさんは、ふだんから自然に触れているでしょうか？　自然に触れたいとつねづね思っていても、なかなかそうはいかない……という方は少なくないのではないかと思います。そうなる理由の一つには、触れることのできる自然そのものが、身のまわりからどんどん姿を消してきているという現実があるでしょう。

それは、決して我々大人ばかりの問題ではありません。子どもたちが育つ環境は、たとえ自然豊かな地方であっても、年々自然から遠ざけられていきつつあるように思えるのです。

人間はもともと自然の一部だったのにもかかわらず、日々の生活の中で、それを実感することがどんどんむずかしくなってきているのかもしれません。靴下を脱いで立つ、しゃがんで地面を見る、石の下をのぞく、雨のにおいや音を感じる……。こうした何気ない体験が、非日常のものになりつつあります。そんな時代だからこそ、**身のまわりの小さな命たちに目を向ける楽しさや、“生き物”として人間が本来もっている感覚に気づく大切さを子どもたちに伝えたい**と、私は心から思っています。

自然遊びは、今すぐにでもできる！

「子どもを自然には触れさせたいけれど、身近に豊かな自然環境もないし、アウトドア活動もあまり得意ではないし……」と、お悩みの保育者も多いかと思います。しかし、そう思える気持ちさえあれば、今すぐにでも自然遊びを保育に取り入れることができます！　実は**ほんのひとさじの工夫で、子どもと自然との豊かなふれあいを演出することができる**のです。

都会や住宅地などの園では、まわりに自然が少

ないと思っている保育者もたくさんいるでしょう。しかし、都会のど真ん中にも、緑のない住宅地にも小さな命はたくましく生きています。アスファルトの裂け目に根をおろす雑草や、ガードレールに張られたクモの巣など、**今まで目を向けずに気にも留めていなかった小さくて豊かな世界を、大人自身が楽しみながら保育に活用していけばよい**のです。

子どもと自然との出合いを演出する

大人が小さな命に目を向け始めると、子どもも大人と同じように小さな命に目を向けるようになります。そのときに生まれる小さな心の動きをしっかりと大人が受け止め、育てていけばよいのです。そして、大人自身が自然を好きになればなるほど、子どももっともっと自然を好きになっていきます。

大がかりな準備や工夫が必要なのでは、と気負うことはまったくありません。**自然遊びでもっとも大切なことは、何よりも「子どもと自然とのよい出合いを演出する」こと**なのですから。保育者の視線一つでも、それは充分可能なのです。

本書では、虫も触れない、花や木の名前もあまり知らない、といった自然が苦手な保育者でもすぐに始められる自然遊びの工夫をたくさん紹介しています。自然を活用した保育の提案書として、この本が保育者の日常に少しでも生かされることを心から願ってやみません。ぜひこの本を手にとった今日から、自然遊びを日々の保育に取り入れていただけたらと思います。

くらき永田保育園　園長
鈴木　八朗

Contents

moz

遊び紹介ページの使い方

年齢の目安

一部分のみに関わることができる場合も含めて、自然遊びをおこなうことのできる年齢の目安を示しています。

ひとことアドバイス！

遊びの補足説明に加え、さらなる遊びの広げ方や、家庭や地域を巻き込む工夫など、自然遊びの世界にもう一歩踏み込みたいときに役立つ情報を紹介しています。

必要なもの

その遊びで最低限必要になるものを記しています。実態に応じて、用意するものや材料の量などを加減しておこないます。

遊びの順序

自然遊びのおこない方に順序がある場合に示しています。

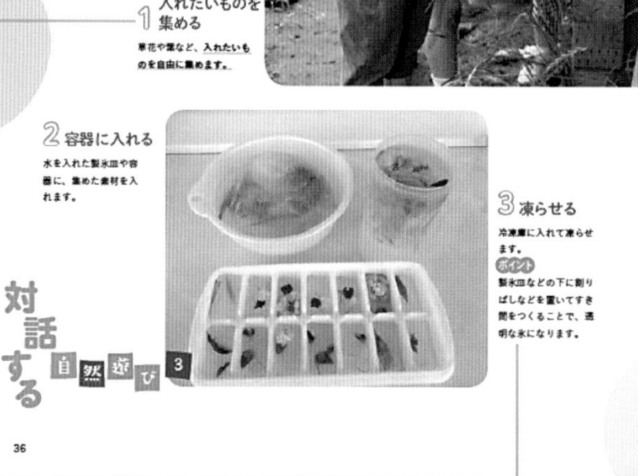

花氷　0歳～

花びらなどを水に入れて凍らせる花氷は、どの年齢でも簡単に作ることができる、とてもきれいなオブジェです。完成形がイメージしにくいので、イメージと違うと「もう一回！」と何度もくり返したくなります。「押し花」や「自然のスタンプ」などで自然に触れてきたことが、ここでも生かされてくるでしょう。

必要なもの
- 草花
- 製氷皿
- 紙パックなどの容器
- 割りばし

1 入れたいものを集める
草花や葉など、入れたいものを自由に集めます。

2 容器に入れる
水を入れた製氷皿や容器に、集めた素材を入れます。

3 凍らせる
冷凍庫に入れて凍らせます。
ポイント
製氷皿などの下に割りばしなどを置いてすき間をつくることで、透明な氷になります。

ひとことアドバイス！
天然の花氷づくり
冬、気温の下がる夜があれば、水などを張った洗面器に花や葉を浮かべておくと天然の花氷ができます。また、土の上に水をまいておくだけで霜柱も作ることができます。子どもたちも、きっと翌日の登園が楽しみになるでしょう。
氷を通して自然と親しむ工夫は、こんな簡単なところからできるのです。

対話する自然遊び 3　36

第2章 発見！体験！表現！探究！これが自然遊び　37

ポイント

おこない方の説明やコツ、遊びのアレンジ方法などを紹介しています。

まずはじめから終わりまで読むと、自然遊びの基本的な考え方やおこない方がわかります。そのうえで必要なページを読めば、より深くその内容が理解できます。

第１章

保育を変える 自然遊びのチカラ！

どうして自然遊びが保育に必要なのか、自然遊びをおこなうことで子どもがどう変わるか、保育者はどう関わればよいか、といった自然遊びの基本的な考え方を紹介します。これらを知れば、自然遊びの見え方が大きく変わります！

1 子どもの心と体を動かすチカラ

自然は「素材以上、おもちゃ未満」

自然遊びはどうして、子どもにとって魅力的なのでしょうか。

子どもたちは「遠く」から見た景色よりも、一枚の葉っぱの形や虫食いの穴など、手に取ることのできる「近く」の世界に不思議さを感じる力をもっています。そのため、もみじ狩りよりも足元にあるドングリに、ホタルの名所よりも手のひらの上のダンゴムシに強く惹かれることがあります。そこには、子どもだからこそ見える魅力的な世界があり、**この「手の中や目の前で起こり、触れることができる不思議」こそが、子どもたちにとってのリアルであり、自然遊びの魅力なのです。**

また、自然物は素材としてだけでなく、それ自体が教材やおもちゃとしての要素ももっています。さらに、教材やおもちゃのように使い方に規定がないため、子どものイメージで自由に関わることができます。**この自然物がもつ「素材以上、おもちゃ未満」の多様さも、自然遊びの大きな魅力です。**

例えば、ドングリは並べて箱に入れるだけでもすてきなコレクションになりますが、ドングリで何をするかは子どもたちの自由です。**この自然物ならではの性質が、「どちらがより上手か」といった競争原理から子どもたちを解き放ち、自由に試行錯誤できる余地を与えてくれる**のです。

自然は心を動かす最高の“遊び相手”

最近、花のにおいをかいだことがありますか？

花がきれいだったり、においを発したりするのは、受粉のために昆虫を呼び寄せるなど、実を結び子孫を残すためです。このように、自然物は様々なかたちで周囲にメッセージを発しています。あらためてにおいをかいでみると、その花からのメッセージを受け取って、心には無意識のうちに何らかの感覚や感情がわきあがってくることでしょう。**それは、興味や関心といったはっきりした気持ちが生まれるよりも前の、言葉にもできないほんの小さな心の動き**なのです。

この「無意識のうちにわきあがってくる」心の動きこそ、自然遊びでもっとも大切にしたいものです。夢中になって自然に触れている子どもたちにとって、心は誰かに動かされるものでも、自分で無理やり動かそうとするものでもありません。**自然遊びという体験を通じて、おのずと心が動く**のです。

「自然」は、そんな心の動きを呼び起こす最高の“遊び相手”なのです。

自然に合わせて体の使い方を試行錯誤する

机、椅子、おもちゃ……。保育室の中は、人間が作ったモノであふれています。それらは、基本的に直線でできていたり、手に収まりのよい大きさだったりと、人間が使いやすいように作られています。つまり、**人間が作ったモノは、「どう関わったら（扱ったら）よいのかがわかる」ようにできている**とも言えます。

一方、自然物は人間の都合に合わせてできているわけではありません。デコボコだったり、ザラザラだったり、曲がっていたり、長かったり、短かったり……。そのため、**人間が自然物に関わろうとするときは、自分の体を自然物に合わせて動かし、使わなくてはなりません。**

例えば、草原でバッタを上手につかまえるすばやい動きや、木にスルスルとのぼっていくしなやかな四肢の動きなどがそれです。これらは、おもちゃや遊具を使った遊びとも、運動の目的が示されている「体育」とも異なる、自然遊びならではの運動能力だと言えるでしょう。

自然と出合い、その中で試行錯誤する体験は、子どもたちの様々なチカラを目覚めさせてくれるスイッチなのです。

2

一人ひとりの 発達に寄り添う自然遊び

自然遊びは、0歳からでもできる！

保育室の中では、発達に応じたおもちゃが提供されていると思います。例えば、ハイハイを始めたばかりの子、ヨチヨチ歩きの子には、それぞれどんなおもちゃが適しているかが考慮されていると思います。

では、質問です。「ハイハイを始めたばかりの子やヨチヨチ歩きの子には、どんな自然遊びが適していると思いますか？」

この質問に即答できる保育者は少ないと思います。その理由には、室内での遊びに比べて、**発達に応じた自然遊びの提案が意外に少ない**ことが挙げられます。

また、「自然遊びは乳児にはむずかしい」という考えが一般的になっていることもあると思います。しかし、そんなことはまったくありません。虫を見たり、水や氷を触ったり、花のにおいをかいだりなど、たとえ**0歳児からでも、自然と関わることは充分可能です。**

自然遊びと発達

室内遊びと同じように、自然遊びにも、発達に応じてゆるやかな段階があります。

まず、**「見る」「触る」「かぐ」**といった自分の五感をフル活用する時期があります。例えば、シソの葉をすりつぶしてにおいをかいだとしましょう。子どもにとっては、初めてかぐ独特なにおいです。自分の知る言葉では何とも表現しにくいにおいに、「くさい」と言いながらもくり返しにおいをかぐ子どもの姿が見られるでしょう。これがまさに「心が動いている」子どもの姿です。

そんな時期を過ぎると、今度は自然物を探したり、集めたり、比べたりすることが楽しくなってきます。あたりに落ちているドングリは、注目しなければ何の価値もないように感じられます。しかし、集めたり、分類してみると、不思議なことに心動く楽しい標本に変わります。こうした試行錯誤を通して自ら自然物にはたらきかけながら、自然と**「対話する」**ことは、とても貴重で心躍る体験なのです。

そして、興味･関心が高まれば、食べたり、飾ったり、作ったりと日々の**「くらし」に取り込んでいく**ことを楽しむ子どもも出てきます。漬けたり干したりする時間や、作ったものを使うまで大切に持っている時間も、日々の「くらし」を豊かにするかけがえのない体験です。

さらに、自然の素材を使って**「表現する」**ことを楽しむ子どももいます。表現活動は、一人ひとりの子どもが今までの体験から得てきたすべてを、惜しみなく使う活動です。表現する姿を見ていると、自然を通した子どもの「学びや育ち」が見えてきます。

また、それまでに出合った不思議を、さらに掘りさげて**「探究する」**世界に向かう子どももいます。科学的な探究心の芽生えです。

自然遊びを保育の視点でとらえると、このようにゆるやかな段階が見えてきます。

自分に合った遊びが必ず見つかる

しかし、注意してほしいのは、「この年齢だからコレをやらなくては！」と決めつけてしまわないこと。それは、とてももったいないことです。自然遊びのよいところは、年齢に関わらず、その子自身が必要とし、やりたいと思っていることを自由に選んで取り組める点です。遊びとは、その子自身が「ちょっとがんばればできる！」と思える課題を選び、試行錯誤していくこととも言えます。**一つとして同じもののない自然物だからこそ、子どもたち一人ひとりが自分に合った遊びを見つけることができる**のです。

3 自然遊びの環境づくりはむずかしくない！

環境づくりが大切な理由

どんなに種をまいても、土地がやせていたり、種の特性に合っていないなど、環境が整っていなければ、種は生長することができません。子どもにとっても、それはまったく同じ。環境がとても大切です。**園の環境が豊かな大地のように安全で、子どもたちを大切に受け入れてくれるものであれば、子どもたちはのびのびと遊び、育っていく**でしょう。

また、自然界には多様性があります。森の中を見てみても、個性がはじかれることなくすべてのものに居場所があり、“無駄”なものがありません。同じように、**自然に触れて遊ぶときには、優劣などによる仲間はずれもなく、それぞれが思い思いのことをしながら同じ空間や時間を共有できます。**そのよさを、自然遊びを通して感じられるような環境づくりが大切になってきます。

自然がない環境はどこにもない

現在、園庭がない園が増えていますが、だからといって「うちの園には自然がないので、自然遊びができない」ということにはなりません。

子どもたちが自由に遊びまわれるような豊かな自然のあるなしは、自然遊びには関係ありません。どんな場所でもしっかりと目をこらせば、自然がまったくない環境はありませんし、**たとえ園庭がなかったとしても、保育者のほんのひとさじの創意工夫で、子どもたちと小さな自然との出合いを演出することは充分可能**です。

「プランター」一つからの保育環境革命

私たちが思っている以上に、自然物は生命力が強く、たくましく生きています。そのため、どんなに開発された人工的な場所でも、したたかに生きている自然物を見つけることができます。道端にちょっと目を向けるだけでも、「こんなところに草が生えてる！」「この小さな虫はどこから来たんだろう？」「街路樹の幹って、意外とゴワゴワしてるね」といった、新たな発見がたくさんあると思います。

さらに言うと、**「プランターが一つ」あれば、園庭のない園でも自然遊びの環境を設定することができます。**どこかから持ってきた土をプランターに入れておくだけでも、何らかの草花や虫などが現れ、自然遊びの環境ができあがります。きっと子どもたちは毎日そのプランターをのぞき込んだり、お水をあげるなどの世話をしてくれたりするでしょう。まさにそれこそが、子どもの「心が動く」自然遊びなのです！

大げさな準備は必要ありません。「プランター一つから始める保育環境革命」というドラマを、子どもたちと一緒に作ってみませんか？

自然遊びにおける保育者の役割とは？

子どもと自然を「つなげる」

自然があれば、子どもは放っておいても自由に走り回ります。走り回ることは間違いなく大切ですが、しかしそれだけではもったいなくもあります。自然は、「学び」と「育ち」の最高のツールとして、もっと有効に活用することができるからです。とはいえ、「自然遊びの大切さは感覚的にわかっているけれど、自然のことはくわしくないし……」という方も多いのではないでしょうか？大丈夫です。**大切なのは、保育者が子どもに何かを「教える」ことではなく、子どもと自然をただ「つなげて」あげること。**そこから先は、子どもの興味・関心にまかせて、一緒に自然の豊かな世界に共感して楽しむことが、子どもの探究の世界を「広げる」ことにもつながるのです。

新しい世界と出合うための「トリガー」

子どもと自然をつなげるうえで大切なのは、「大人も子どもの目線で一緒に楽しむ」こと。子どもは、大人が見ているものを見たくなる傾向があります。つまり、**子どもに見てもらいたい世界を、まずは大人が見ればよい**のです。

例えば、母親が見ているスマホの画面を子どもたちが見たがるのは、“大好きなママが興味をもっている”から。スマホに注目する母親を見て、子どもは「きっと楽しいものに違いない」と感じているのです。同じように保育者であるあなたが、しゃがみ込んで葉っぱや花、石などを興味津々に見たり触ったりしてみましょう。その行為が「トリガー（引き金）」となって、子どもたちは新たな世界と出合うことになります。

そして、このときに**わきあがる心の動きを、そばにいる保育者が「いいにおいだね」「思ったよりツルツルしてるね」などと、言葉で表現してあげる**ことが大切です。心が動く体験と言葉が出合うことで、子どもの世界はどんどん広がっていきます。子どもの発達とは、言い換えれば子ども自身の世界が広がっていくことでもあります。この体験と言葉との出合いが、子どもたちの発達にとても重要な役割を果たします。

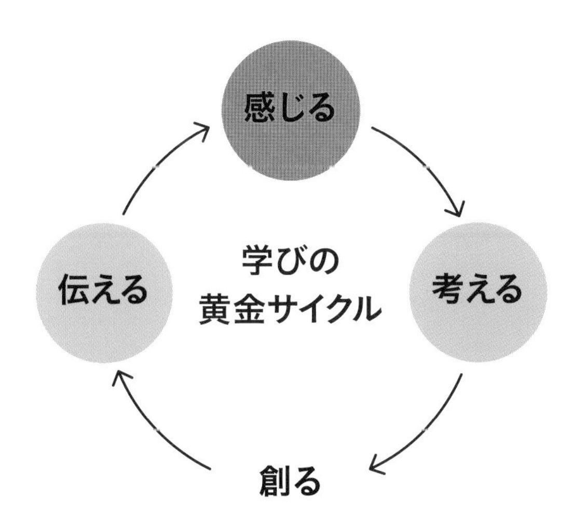

「学びの黄金サイクル」を支援する

保育者は「させる」のではなく、「見守る」ことが大切です。自然の中には、子どもが興味をもてる対象が無数にあります。にもかかわらず、「これだけを」「この方法で」と限定して、保育者が考えたことをマニュアル的に「させる」ことは、とてももったいないことです。子どもが自分の興味のままにやりたいことに取り組むことで、自然の多様性を充分に生かした学びを体験することができます。

なお、「見守る」ことは「放任」とは違います。**保育者の役割は、子どもが自分の世界を広げていくこと＝学びを支援すること**です。例えば、聞き役になるだけでも、子どもが試行錯誤して学びを深めていくうえで大きな潤滑油になります。

また、子ども自身が学びを深めていく中で大切なのは、**「感じる――考える――創る――伝える」の「学びの黄金サイクル」**（左図）を実現することです。サイクルの一部分だけを切り取って、「創るだけ」「伝えるだけ」では、学びは次につながりません。何かを感じることで考え、考えたことを生かして創り、わかったことや感じたことを言葉にして伝える。その結果として深まっていった興味が、次のサイクルに向かう原動力となるのです。子どもの姿をしっかりと見守りながら、**自然遊びの中で循環するこの「黄金サイクル」を支援することこそが、保育者の果たす大きな役目**です。

5 自然遊びで家庭や地域をつなぐ

保護者も一緒にやってみたくなる！

自然遊びで心が動いた子どもたちは、家で保護者に「今日どんな遊びをしたか」を伝えることでしょう。自然遊びが話のタネになることで、子どもたちと保護者のつながりがより深まります。

また、**「保護者も一緒にやってみたくなる」ような保育園からの提案で、家庭の時間をより充実させることができます。**例えば、くらき永田保育園では育てていた大豆の「里親」を募ったことがあります。大豆の苗を保護者に引き取って育ててもらい、その経過の報告をお願いしました。その結果、たくさんの家庭が育てた大豆に愛着をもってくれました。

まさに園から発信した提案が、家庭の時間を豊かにしたのです。

自然を活用したコミュニティづくり

家庭支援と同様に、地域においても園は大きな役割を果たすことができます。**それは園を通じて、地域の文化や風土を次の世代に引き継いでいく**ということです。例えば、地域で伝承されている季節の行事、食文化、歌、民話などを園の活動に取り入れることがよくあると思います。さらには、樹木や草木など、地域の原風景とも言える自然を園庭などに残すことで、それらに親しんだ子どもたちが後世に思いや場所をつないでいく、といった役割も果たせるかもしれません。

園がこうした役割を担うためには、地域の住民の協力が不可欠です。**園は、子どもたちを通じて地域をつなげ、地域の輪の中心となる可能性をもっている**のです。

やがて、園は地域の「財産」に

「地域の文化や風土を保育に取り入れるのってむずかしそう」「そもそも、この地域の文化も風土もあまり知らないし……」と感じた保育者もいるかもしれませんが、それは「地域の方々に関わってもらえる絶好の機会」だと考えてしまえばよいのです。**なぜなら、その地域の自然は、そこに住んでいる人たちが一番くわしい**からです。

関わってもらう際にも、いきなり「一緒に一大プロジェクトを立ちあげましょう！」などと背伸びをせず、まずは身近なことから始めていきます。例えば、八百屋さんに地域の野菜について教えてもらったり、アウトドア活動が好きな人に手伝ってもらって園庭にテントを立ててみたり、ハーブにくわしい人に園庭に植えるオススメの品種を聞いてみたり……。**ほんのささいなことからでも、園に関わってもらうことで、地域が園を通して少しずつつながっていきます。**

こうした小さな活動を常日頃から続けていると、「また手伝うよ」「次はこんなおもしろいものもあるよ」と、しぜんに人が集まってくれるようになります。やがて園は、ただ単に子どもたちを保育する場所ではなく、地域の輪の中心として、子どもたちのみならず地域やそこに住む人たちにとっての「財産」となっていくのです。

雨の日コーディネート

自然遊びの世界を 120% 楽しむためには、年間を通して少なくない「雨の日」をどのように活用できるかがポイントです。

人は濡れると、水分の気化熱で体温がどんどんさがります。歯がガチガチしたり、手が震えたりするのは、低体温症の初期症状です。濡れるというのは、想像以上に子どもの命に関わることなのです。

理想のレインウェアは、濡れたり蒸れたりせず、災害時にも役立つ「透湿防水」素材のものですが、園や家庭で購入するのは少々高価で躊躇してしまいます。そこでまずは、**もっとも身近なレインウェアである「カッパ」の選び方を紹介**します。

袖のあるタイプは、ポンチョタイプよりも腕を動かしやすい利点があります。また、子どもの成長を考え、つい大きめのサイズを選んでしまいがちですが、丈が長いと歩いたりしゃがんだりしにくく、遊ぶ際にストレスになります。**できるだけぴったりなサイズを着る**ようにしましょう。蒸れなどは多少ありますが、長時間でなければ、カッパでも充分に遊べます。

雨遊びが終わったら、冷えないように体をしっかり拭きます。また、冷房をかけている場合は少し冷房を弱めておきましょう。

遊び慣れた園庭も、散歩コースも、「雨」が降れば別の楽しい世界を子どもたちに見せてくれます。雨が降ると、大人はつい「天気が悪いね」と言ってしまいますが、雨はけっして「悪」ではなく、雨にしかない「よさ」をもっています。発想を転換して、ぜひ「雨遊び」を楽しみましょう！

第２章

発見！　体験！　表現！　探究！

これが自然遊び

「見る・触る」「においをかぐ」「対話する」「くらす」「表現する」「探究する」の６つのゆるやかな段階に沿って、多彩な自然遊びを紹介します。子ども一人ひとりの発達段階に合わせて、ぜひアレンジを加えながら自然遊びを楽しんでください。

「自然遊びをやってみたい」と思ったら

かけがえのない体験を身近に！

自然遊びは、場所や道具が準備された中での遊びとは違います。自然は日々その姿を変え、一つとして同じものが存在しません。だからこそ、**そんな自然に触れることで、五感が刺激されたり、試行錯誤をくり返す体験は、とても貴重なもの**です。

1章でもお伝えしたように、自然遊びはごく簡単なひと工夫でおこなうことができます。この章で紹介する自然遊びは、6つのゆるやかな段階に沿って可能な限り実践しやすく、そして、子どもが大好きな「きれい、かわいい、おいしい！」が散りばめられたものを集めています。**できるところからで構いませんし、やりやすいようにアレンジを加えてもよい**でしょう。ぜひ自然遊びを日常の保育に取り入れてみてください。

まずは大人から、自然遊び！

遊びの「技術」は学べば身につきますが、「遊び心」は経験がなければ育ちません。

自然に触れて、その楽しさや開放感などを味わうことで、大人がふだん忘れがちな人間としての感覚が呼び覚まされます。その感覚を「気持ちいい！」と思えたら、おのずと子どもと一緒に自然遊びをやってみたくなるでしょう。

大人の楽しそうな姿を見れば、子どもも「自分もやってみたい」と感じます。その保育者の姿勢こそが、子どもを自然遊びに向かわせます。

そこでここでは、まず大人が自然に触れてみるための四つの簡単な方法を紹介します。

1. 裸足になってみよう！

園庭やベランダで、裸足になってみましょう。思ったよりも温かかったり、デコボコ、ザラザラしていたり……。**敏感な足の裏のセンサーから受け取ることができる情報の豊かさを、ぜひ大人も体感しましょう。**

2. アウトドア会議

ふだんは室内でおこなわれている会議を、青空の下で！　会議だけでなくランチなど、ふだん室内でしていることを屋外でしてみると、**室内とはまったく違った開放感が感じられます。**

3. 園庭フォト

園庭で「おもしろい！」と思ったものをカメラでパチリ。撮れた写真を保育者同士で共有すれば、**盛りあがるだけでなく保育のための資料としても役に立ちます。**

4. 自然を保育室に

小さな石、花、葉っぱなど、何でもよいので室内に飾ってみましょう。身近に自然を感じるもっとも手軽な方法です。**自然物は、額に入れて飾るだけでもおしゃれなインテリアになります。**飾るものを毎週替えれば、今まで目を向けることが少なかった場所に目を向けるきっかけにもなります。

自然遊び 1 見る・触る

０歳のときから、子どもたちは自分の五感をフル活用して、この世界がどういうものなのかを知ろうとします。見たり触ったりすることは、もっとも簡単な自然との関わり方です。地面をはう小さな虫や、色鮮やかな花びら、固くほのかに温かい木の幹、ツルツルした葉っぱ、冷たい氷など、子どもたちにとって自然は刺激にあふれています。その刺激が「何だろう」「不思議だな」と子どもたちの心を動かし、さらなる遊びへと向かわせるのです。

押し花　１歳〜

好きな自然をコレクション！　摘んだ草花を押し花にすることで、いつでも自由に遊べるすてきなコレクションのできあがり。きれいでかわいい押し花をビニールケースに入れておけば、子どもたちはしぜんにそれを並べたり、絵に描いたりと遊び始めます。

必要なもの

- 押し花をはさむ厚めの本
- 調理用シート
- 食品保存容器
- 乾燥剤
- ビニールのカードケース（サイズは自由）

1 好きな草花を摘む

好きな草花を摘みます。押し花にするのに向いた草花とそうでない草花がありますが、試してみるのも楽しい経験です。

ポイント

花びらや葉は根元を持つとちぎれずに摘むことができます。
あえてはさみで切らせることで、「ひと手間の特別な体験」を演出することもできます。

やってみたい！

2 本にはさむ

二つ折りの調理用シートに草花をはさんで、本のページの間に入れます。二～三日程度が目安です。

うわ～！きれい！

3 できた押し花で遊ぶ

押し花を一つ一つビニールのカードケースに入れ、乾燥剤とともに食品保存容器などにしまっておくと、いつでも遊べます。みんなでおこなう場合は、**できた押し花を画用紙に貼るなどのアレンジも**できます。

ポイント

保育者があえてピンセットなどで扱うと、特別な「宝物」感を演出できます。

ひとことアドバイス！

押し花のチカラ！

押し花があれば、保育室にいながらいつでも自然に触れることができます。すると、「どこにあった花なのかな？」「摘みに行きたい！」など、子どもたちが自分から自然に触れるきっかけにもつながっていきます。**特別なときだけでなく、日常的に押し花に触れられるようになっているとよいでしょう。**日常に溶け込ませることは、どの自然遊びでも大切なことです。

また、押し花以外にも、いろいろな工夫ができます。例えば、ペットボトルに背の高い草花と乾燥剤を一緒に入れておくと、中の草花が乾燥してきれいなオブジェになります。

園庭の宝探し

1歳～

「この小さい穴、小人さんの足あとだね！」
子どもはファンタジーの世界の主人公です。そして自然物は、人が作ったものよりもずっとファンタジーに入り込みやすい力をもっています。木のウロ（穴が開いたところ）、実や種、カラスの羽根……。これらは自然の小さな命やモノをいろいろなものに見立てる「アンテナ」の感度を高めます。しゃがむ、つまむといった動作ができるようになったらオススメの遊びです。

必要なもの

- 特になし

はじめに

まず保育者が探してみる

保育者が何かを探していると、子どもたちは気になって近寄ってくるでしょう。そこで例えば、保育者が「園庭に宝物があるって園長先生に聞いたんだ」と言えば、子どもたちはきっと夢中になって探し始めるでしょう。

1 自由に探す

まずは探すものを特定せずに自由に探すことで、探す楽しさを味わいます。その後は「顔」「妖精」など、テーマを設けてもよいでしょう。**子どもたちの探したものを尊重し、気持ちに共感することが大切です。**

ポイント

何だかわからずに、拾ったものをじっと見ている子には、「はい」か「いいえ」で答える質問ではなく、「これは何だろうね？」などのオープンな問いを投げかけたり、「妖精さんの羽根かな」など保育者自身の感想を伝えたりすることで、子どもの体験と言葉が結びついていきます。

2 宝探しカードを使う

「宝探しカード」（右下）を用意すると遊びを発展させることができます。みんなでゲーム的におこなっても、常に置いておき好きなときに各々でおこなってもよいでしょう。

ポイント

虫一つとっても、昨日と同じ場所にはきっといません。「ここにいるかも」などと考えることがとても大切です。

実際のカードの例

カードに描いてあるものを探して、ビンゴなども。

のあそびカード

なまえ（　　　　　　）

★しぜんのたからものをみつけよう！

木のみ	たべたあと	むし	あかいもの
はな	きいろいもの	たね	とりのこえ
ちくちく	しろいもの	木のめ	つた
木のねっこ	くろいもの	いいにおい	ふわふわ

Kurakids

ひとこと
アドバイス！

園の外でもファンタジー発見！

子どもは本当にファンタジーが大好きです。宝探しの遊びを続けていると、子どもたちは園の行き帰りや家庭でも「あのカラスって、本当は忍者なんだよ！」「小人さんが食べた実が落ちてたよ」など、いろいろなものを見つけるようになります。**子どもたちが見つけたものを具体的にお便りなどで伝えていく**ことで、家庭でも自然に目を向け、子どもと一緒に外に宝物を探しに行ったり、子どもとコミュニケーションをとったりするきっかけになります。

自然遊び 1

見る・触る

自然のスタンプ 3歳〜

好きな葉や花を採ってきて、それをスタンプにします。スタンプ台と紙さえあれば、部屋でも戸外でもできる遊びです。できた作品は、それぞれ違ったよさをもっていることを伝えることで、個性を尊重する態度にもつながっていきます。

必要なもの

- 画用紙やコピー用紙
- スタンプ台
- 手ふき

はじめに 保育者が見本を見せる

何がおこなわれるのかわからない子どもたちも、保育者が一度見本を見せれば「わーっ！」と盛りあがります。**自分でやってみたくなるきっかけづくり**です。

1 スタンプしたいものを探す

子どもが「押したい！」と思ったものを自由に探します。「思うように写らない」などの失敗も、次に生かされていきます。

ポイント

子どもたちが飽きないよう、スタンプの材料をある程度用意しておいてもよいでしょう。

2 スタンプする

採ってきたものに**インクをつけて紙に載せ、しっかりと上から押します。**いろいろな色やキラキラした色なども自由に使います。

ポイント

常にスタンプ台や紙を出しておき、くり返しおこなえる環境を整えておくことが大切です。

3 保管したり飾ったりする

できあがったものを入れるカゴやファイルをそばに用意しておきます。保育者がいれば、裏に名前を書いたり、飾ったりしてもよいでしょう。

ポイント

子どもたちが作ったものを作品として大切に扱うことで、肯定感につながります。

ひとことアドバイス!

「こすり出し」もおもしろい!

スタンプだけでなく、「こすり出し」の手法も簡単でオススメです。採ってきた葉などを紙の下に入れ、クレヨンなどでやさしく上からこすると、下にあるものの形が浮き出てきます。

力をコントロールしてやさしくこすることは、はじめはむずかしいかもしれません。なかなか一度でうまくはいきませんが、**葉選びやこすり方などを何度も試行錯誤しながらおこなうことが、まさしく遊びな**のです。そのためにも、くり返しおこなえる環境を常に用意しておくことがとても大切です。

自然遊び 2

においをかぐ

においをかぐことは、食べ物の安全を確かめるなど、生きるうえでとても大切な行為です。しかし、五感の中でも、「におい」を直接的に表現する言葉はとても少なく、「○○みたい」と別のものにたとえる表現がよく使われます。それは「におい」がいろいろなことを想像させるからかもしれません。
花や葉は、みんな違ったにおいをもっています。多様なにおいをかぐことで、様々な感覚が呼び覚まされ、想像が広がっていきます。それこそが、自然を通じた保育につながります。

シソふりかけ 1歳〜

シソの葉を乾燥させてふりかけを作ります。シソの葉の独特なにおいは、子どもたちにとっては初めて出合うにおいです。シソの葉は、園で育てても買ってきても OK。マラカスのおもちゃなどが振れるようになったらできる、「生まれて初めてのクッキング」です！

必要なもの

- シソの葉（生のものと乾燥したもの）
- 塩
- ふりかけを入れるケース

1 生の葉のにおいをかぐ

まず、生のシソの葉のにおいをかいでみましょう。**ちょっとこすると、においが強まります。**

ポイント

子どもたちにかがせる前に、まずは保育者がにおいをかいで見せ、知らないものに触れる子どもたちを安心させてあげましょう。

2 乾燥させた葉をもむ

電子レンジで水分を飛ばすなどして乾燥させた葉を、あらかじめ別に用意しておくとスムースです。手のひらではさんでもむように、乾燥させた葉を粉々にします。

ポイント

保育者も一緒に葉をもみ、お手本を見せます。

3 葉をケースに入れる

粉々にした葉をケースに移したら、**味をととのえるために塩を少々**入れてふたを閉じます。

ポイント

ケースは、握って振れる形のものを選びましょう。また、口が広いもの（右）のほうが、粉々の葉を簡単に入れることができます。

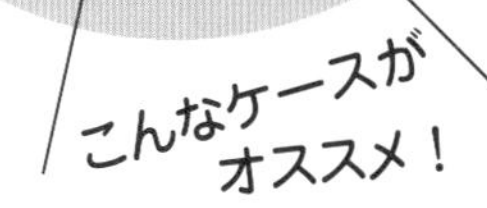

こんなケースがオススメ！

4 よく振る

粉々の葉と塩がまんべんなく混ざるように、よく振ります。

ポイント

「おいしくなーれ！」などの「おまじない」をかけながら振ると、おいしく感じられるようになるから不思議。

おいしくなーれ！

5 食べる

温かいごはんにふりかけて、できあがり！ **湯気とともに香るにおいを胸いっぱいに感じましょう。**

ひとことアドバイス！

家庭にも広がる自然遊び

シソふりかけの体験をしたあと、いろいろなもののにおいをかぐようになったら、この遊びに心が動いた証拠です。遊びという体験を通して子どもたちの行動が変わり、自分の世界を少しずつ広げていくのを目の当たりにできることは、保育者にとって大きな喜びです。

また、シソふりかけの活動を簡単に紙にまとめて保護者に渡すことで、「初めて料理したんだね！」と家庭でのコミュニケーションが生まれます。さらに、**「家でも子どもと試してみました！」など、家庭でも自然遊びが取り入れられるきっかけにもなります。**

におい遊び 1歳～

いろいろな草花のにおいをボトルに閉じ込めて、かいでみます。単純で、日常的に続けやすい遊びです。「におい」は、「やすらぐ」など感情を表す言葉で形容されることも多く、体験とセットの生きた言葉が豊かな表現力につながります。

必要なもの

- ペットボトル

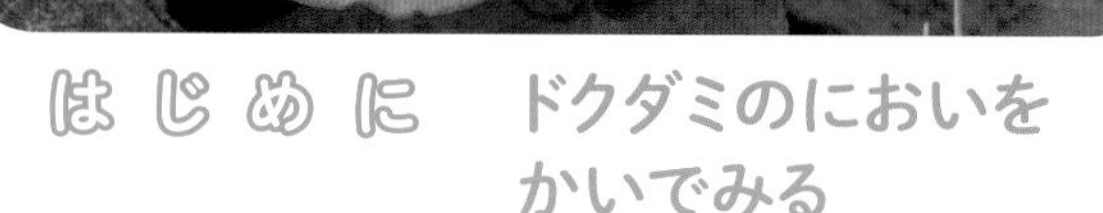

導入の一つとして、ドクダミの葉（上）をかいでみるのもよいでしょう。ドクダミの葉はクセのあるにおいですが、**かいでいる間ににおいの成分が抜け、どんどん心地よいにおいに変わっていきます。**

1 草花のにおいをかぐ

すべての草花は何らかのにおいをもっています。まずは**いろいろな草花のにおいを自由にかいでみましょう。**

ポイント

葉は折ったりクシャクシャにしたりすると、においが強まります。においの見本をある程度準備しておいてもよいでしょう。

自然遊び 2
においをかぐ

2 ペットボトルに入れる

気に入ったにおいのする草花を、ペットボトルに入れます。

ポイント

戸外の草花を採りに行くときは、紙パックの下半分を切り取り、ひもをつけた小さなバッグなどを使うのもよいでしょう。

ひとこと アドバイス!

プランターでハーブを育てる！

においのする葉の代表でもあるハーブ類は、**とても丈夫でプランターでも育てやすい植物**です。細やかな世話をしなくてもぐんぐん育ちます。イブキジャコウソウや和ハッカなどのジャパニーズ・ハーブは、特に子どもたちにウケがよくオススメです。

プランターで日常的にハーブを栽培しておくと、子どもたちが好きなときにハーブに触れられますし、ハーブを使った自然遊びをすぐにおこなうことができます（66ページ）。また、**ハーブに触れて遊ぶことから、ハーブを育てたり、ハーブを使ったクッキングなど、その後の遊びや活動につながるきっかけにもなります。**

3 かいでみる

保育者がペットボトルをかぐと、子どもたちもまねをします。やがて、みんなでペットボトルを交換してかぎ合ったりし始めます。

ポイント

より楽しんでにおいをかぐ工夫の一つに、ペットボトルのふたに穴を開けて、「ピュー」と音のなる“鳴き笛”などをつける方法もあります。ペットボトルを押すと、においが出てくるとともに笛の音が鳴ります。

4 飾っておく

作ったものは草花の名前を書いて飾っておき、いつでもにおいをかげるようにします。子どもたちはその子なりの言葉を選んで、においについて話してくれるでしょう。

ポイント

保護者との懇談会などでも、「誰がどんなにおいをつくった」など楽しい話題の一つになります。保育の「見える化」ならぬ、「かげる化」とも言えます。

自然遊び 3

対話する

「見る・触る」「におう」ことで五感を豊かにし、自然に触れて心が動く体験を重ねてきた子どもたち。その中で得てきた知識や感覚を生かして、自分から自然にはたらきかけることに興味が移っていきます。
ただ集めるだけだった木の実を分類してみたり、ブドウの皮をしぼって色水を作ってみたり、固い実を割ってみたり……。自然物に向き合って「こうしたらどうなるのかな？」「どうしたらもっとうまくいくかな？」と試行錯誤することが、自然との「対話」なのです。

ドングリ遊び

1歳～

比較的見つけやすいドングリは、自然物の中でもっともマルチに活躍する遊び道具の一つです。集めて、食べて、遊んで、作って、表現する。ドングリをどう使いこなすかが、腕の見せどころです。ここでは、ドングリを使ったいろいろな遊びを紹介します。

ドングリを食べる

4～5歳

必要なもの

- ドングリ（シイノキやスダジイのもの）
- 塩
- ドングリが浸る程度の深さの鍋
- ペンチ

スダジイのドングリ

1 ドングリを準備する

食べるのに向いているのは、アク抜き不要なシイノキのドングリ（シイノミ）です。**特にオススメは、「スダジイ」のドングリ（上）です。**

ポイント

スダジイのドングリは大きめのこげ茶色で、縦に数本の筋が入っています。また、熟す前は全体がサヤに包まれていて、地面に落ちるころにはサヤの先端が３つに裂けてドングリが顔を出します。

2 ドングリをゆでる

鍋にドングリと、ドングリが浸る程度の水を入れます。**塩を少し加えて、10分程度ゆでます。**

ポイント

水に浮くドングリは虫食いなどの可能性が高いため、取りのぞきます。10分程度炒って食べてもおいしいです。

3 ドングリを割る

ペンチで挟んでゆっくりと力を入れ、殻を割ります。慣れると、歯や爪などでも割ることができます。

ペンチでも、手でも割れるよ！

リースづくり

1歳〜

必要なもの

- ドングリ
- イモづるやヤナギの枝など
- 木工用接着剤

木工用接着剤をつけて……。

真剣に選んで

1 リースの土台を作る

イモ掘りの際に余ったイモづるや、集めてきたやわらかい木の枝などを、丸いリースの形に編む。

ポイント

低年齢児の場合は、保育者があらかじめ作る、買うなどして準備しておきます。

2 ドングリなどをつける

木工用接着剤でドングリなどをリースの土台の好きなところに飾りつけます。**ドングリ以外の葉や実なども用意しておくと、より華やかなリースになります。**

ペタリ！

こんな遊びも！

ドングリ拾い

落ちているドングリを、自由に拾います。**ドングリ遊びの準備にもなります。**

ポイント

自分専用の入れ物があると、気持ちが盛りあがります。入れ物は、紙パックを切り取ってひもを取りつけたバッグなど。年齢が低いほど小さい入れ物を用意します。

坂転がし

ドングリを板で作った坂の上で転がすと、まっすぐ転がらずにいろいろな動きをします。**二人以上で競争などをするのもオススメです。**

どっちの手?

両手のどちらにドングリが隠れているかを当てます。**「いないいないばあ」が楽しめる年齢からできます。**

ポイント

1歳くらいであれば、保育者がドングリを手に隠す役をして、子どもたちに当てさせます。

ひとこと アドバイス!

「ドングリ月間」のすすめ

ここで紹介したのは、ドングリ活用法のほんの一例です。ほかにも、分類する、植える、ドングリの絵を描いてみる、ドングリだんごを作るなど、いろいろな遊び方があります。

おすすめしたいのは、園全体で「ドングリ月間」を設けること。ドングリだんごをたくさん用意し、ドングリで遊びつくすと、きっと新しい発見が生まれます。クラスごとに違うテーマをもって遊ぶなど、おこない方もいろいろと考えられます。

家庭を巻き込んで、週末に公園でドングリを拾ってきてもらうなどもよいでしょう。園だけでなく、みんなで力を合わせてドングリ月間を楽しむことで、「園がどのような保育をしたいのか」など、家庭の理解もおのずと深まっていきます。

花氷 0歳～

花びらなどを水に入れて凍らせる花氷は、どの年齢でも簡単に作ることができる、とてもきれいなオブジェです。完成形がイメージしにくいので、イメージと違うと「もう一回！」と何度もくり返したくなります。「押し花」や「自然のスタンプ」などで自然に触れてきたことが、ここでも生かされてくるでしょう。

必要なもの

- 製氷皿
- 紙パックなどの容器
- 割りばし

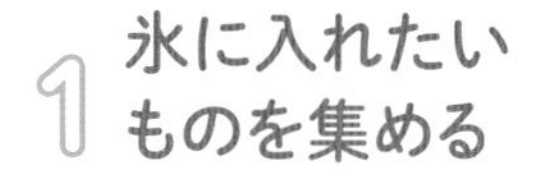

1 氷に入れたいものを集める

草花や葉など、**氷に入れたいものを自由に集めます。**

2 容器に入れる

水を入れた製氷皿や容器に、集めた素材を入れます。

3 凍らせる

冷凍庫に入れて凍らせます。

ポイント

並べた割りばしの上に容器を置くなどして、容器の下にすき間をつくると、透明な氷になります。

4 遊ぶ

戸外に置いて観察したり、触ってみたりと、**作ったものは惜しみなく使います。**

＼氷が溶けてきた！／

冷たい！

こんな遊びも！

色水氷

絵の具や、果物の皮などで作った色水を凍らせます。水遊びで使ったり、絵を描いたりして遊ぶこともできます。

ひとことアドバイス！

天然の花氷作り

冬、**気温のさがる夜があれば、水などを張った洗面器に花や葉を浮かべておくと天然の花氷ができます。**また、土の上に水をまいておくと霜柱を作ることもできます。子どもたちも、きっと翌日の登園が楽しみになるでしょう。

氷を通して自然と親しむ工夫は、こんな簡単なところからできるのです。

泥遊び 0歳～

裸足で土に触れて大地をダイレクトに感じる体験は、人間としてしぜんで心地よいものです。「汚れるから」とストップされがちな泥遊びですが、子どもにとっては「気持ちいい」「楽しい」ものとして心と体が解放される大切な体験なのです。

必要なもの

- 特になし

泥で遊ぶ

泥を作るために水をまきます。土や皿などをのせるテーブルを用意しておくのもよいでしょう。

ポイント

地面でしゃがんで作業をすると、各々の作業になりがちです。テーブルなどの高さの平面があれば、おのずとテーブルを囲んで子ども同士の関わりが生まれます。

対話する自然遊び 3

砂場を水浸し

顔に落書き

ほら、
おててまっ黒！

泥遊びのあとのシャワーや着替えなどの準備をしっかりしておくことで、「汚れてもOK！」と保育者も頭を切り替えることができます。また、泥遊び後のシャワーや着替えなどは、くり返すほど子どもも見通しがもて、慣れていきます。そのため、泥遊びは日常的におこなうことが理想です。

泥でお絵描き

ひとこと
アドバイス！

乳児期から泥遊びを！

泥遊びをするにあたっては、家庭に泥遊びに寛容になってもらう必要もあります。**乳児のときから少しずつでも土に触れていくことで、保護者も徐々に土の遊びに慣れ、また泥遊びの意義や大切さも理解してもらえます。**

子どもの興味を大人の価値観で判断せず、土に触れる心地よさを認め、そこに共感してもらいましょう。

自然遊び 4

くらす

試行錯誤しながら自然と対話してきたことで、興味・関心が高まっていくと、次は自然を生活に取り入れることを楽しむ子も増えてきます。飾る、使う、食べるなど、多様な自然物はここでも大活躍です。
完成するまでのドキドキ、ワクワクする時間や、実際に使い、食べたときの感動は、日々のくらしを豊かにしてくれます。

ハーバリウム 1歳～

ハーバリウムは、子どもでも簡単に作ることができる美しいオブジェです。それぞれに違ったよさのある作品ができるので、失敗を気にせずチャレンジできるのも魅力の一つです。ハーバリウムオイルは高価なため、ここでは替わりにグリセリンを使ったハーバリウムの作り方を紹介します。

必要なもの

- 乾燥させた草花や木の実など
- 透明のびん
- グリセリン（もしくはベビーオイル）
- ピンセット

1 乾燥させた草花などをびんに入れる

入れるものを選んで、びんに入れます。

ポイント

長期保存には向きませんが、生花でも OK ！

ポイント
背の低いびんを使うと、中のものの浮きあがりが目立ちません。

2 グリセリンを入れ、ふたをする

グリセリンをびんいっぱいに注いでふたをします。表面に浮いてきた草花などがあれば、**ピンセットでほかの草花の下に入れるなど調整**します。

できあがり！

ポイント できあがったものにカラーモールを巻くと、誰の作品かの目印になります。

ひとことアドバイス！

ハーバリウムオイルでなくてOK！

ハーバリウムオイルは高価なため、以下の2つの代用品を紹介します。**「透明度」「粘度」「色落ちしないこと」がポイント**になりです。

グリセリン

粘度が高いので、びんの中の花の位置を固定しやすい。子どもがくり返しおこなうことを考えるとコストパフォーマンスもよく、薬局などで簡単に購入できます。ただし、花の色落ちが早く、長期保存には向いていません。

ベビーオイル

手に入れやすく、すぐにでもおこなえる点が大きなメリット。しかし、ハーバリウムオイルと比べてサラサラしているので、びんの中の花が浮きやすくなります。

バスボム 1歳〜

身近な材料で作れる、楽しい入浴剤です。使用する「重曹」や「クエン酸」は、生活排水を汚すこともなく、エコで安価なお掃除の名脇役。園に常備しているところも少なくないのではないでしょうか。粘土や泥遊びでおだんごを作れるようになったらチャレンジできる、簡単ワークです。

必要なもの

①重曹
②クエン酸
③片栗粉もしくは塩
※①：②：③が2：1：1の重さになる分量

- 乾燥させた野草など
- すりこぎ
- ボウル
- 霧吹き
- シリコンケースや製氷皿などの型

1 野草を細かくする

ドクダミ、ヨモギ、ゲンノショウコ、ラベンダー、オレンジ、カモミールなど、**香りのする野草を乾燥させ、すりこぎで細かくします。**

ポイント

すぐに使うなら生の草花でもOK！

2 材料を混ぜ、湿らせながらもむ

重曹：クエン酸：片栗粉＝2：1：1のグラム数となる割合でボウルに入れ、細かくした野草と一緒に、霧吹きで水分を少量加えながら粘土状になるまでもみます。

ポイント

水分を加えすぎないようにします。
食紅などを入れてもOK。

3 型に詰めて乾燥させる

シリコンケース(上)や製氷皿などの型にしっかり押し入れて、乾燥したら完成です。

ポイント

食品用ラップフィルムなどで成形することもできます。中に花びらを入れるなどしても楽しい。

ひとこと
アドバイス！

プレゼントにもオススメ！

野草のバスボムは、**園や家で使うだけでなく、プレゼントにもオススメ**です。野草はミルサーなどでパウダー状にしておくと、使用後のお風呂のお湯をそのまま排水できます。中に「おみくじ」など、いろいろなものを入れておくとさらに盛りあがります。

バスボムのほかにも、ヨモギで作ったエメラルドグリーンのバスソルトや、無添加せっけんの粉末を使った簡単野草石けんなど、いろいろなお風呂用品を作って楽しめます。

ドクダミの葉と花

1 ドクダミを採る

道端など**半日陰に生えている**ドクダミを採ります。

1歳〜

園生活に季節の野草を取り入れるのに、一番のオススメはチンキ作り。チンキとは、ハーブを高い度数のアルコールに浸して作る液剤のこと。一度作れば一年間ほど保存ができ、スキンケアやリラックスアロマなど様々な使い方ができます。ここでは身近なドクダミを原料にした、虫よけや消臭に使えるチンキの作り方を紹介します。

必要なもの

- アルコール度数35度以上の焼酎
- ふたつきのガラスびん
- ドクダミ

2 葉をびんに詰める

採ってきたドクダミから虫やごみを取り除いて、葉をガラスびんに詰めます。

ポイント

花もあれば一緒に入れてOK。花だけでもチンキが作れます。

3 アルコールに浸す

ガラスびんに焼酎をひたひたになるまで注ぎ、ふたを閉めて日の当たらない室内で保存します。

ポイント

一週間程度で使えますが、一か月以上保存すると液体が琥珀色になり、効果が高まります。

4 使う

液体をコットンなどに染み込ませて、腕や脚などに塗る、スプレーボトルに入れてシュッとひと吹きするなどして使えます。

ひとこと アドバイス!

いろいろなハーブでチンキ作り

ドクダミ以外にも、いろいろなハーブでチンキが作れます。作り方はどれも一緒。スプレーボトルに入れてシュッとひと吹きすれば、香りが広がります。

ラベンダー……お昼寝前のリラックスに
ローズマリーやツボクサ……お昼寝の目覚めに
レモンユーカリ……トイレの消臭に
ミントや和ハッカ……リフレッシュしたいときに

ほかにも、モクレンやコブシ、タイサンボクなどがあれば、風邪や鼻づまりのときなどに使えるチンキが作れます。自然を身近に感じるひと工夫としてオススメです。

野草だんご作り 2歳～

野草の６～７割は食べられるといわれます。粘土でだんご作りができるようになったら、今度は食べられる野草だんごを作ってみましょう。四季折々の草花を使っただんごは、どれも鮮やかな色を楽しめます。ここでは、夏の「ツユクサ」を使っただんご作りを紹介します。

必要なもの

- 野草
- 白玉粉
- 塩
- 鍋
- ミキサーもしくはすりこぎ
- ボウル

1 ツユクサをペーストにする

採ってきたツユクサを湯がいて、ミキサーやすりこぎなどで細かくします。

ポイント

ツユクサを採るときに、盛りつけ用の草花なども合わせて採ると、いろいろな葉に目を向けるきっかけになります。

ツユクサの葉と花

2 白玉粉と混ぜてこねる

ツユクサのペーストを白玉粉と水に混ぜながらこねて、丸めます。

3 ゆでる

熱湯に塩を少々入れ、だんごをゆでます。だんごが浮いてきたら食べ頃です。

ひとことアドバイス！

季節のだんご作り

季節によって、いろいろな植物でだんごを作ることができます。例えば、春は「ヨモギ」です。ツユクサよりも濃い緑色の、香り高いだんごが作れます。秋は「ドングリ」。32ページでも紹介したスダジイのドングリを混ぜて作れば、特徴ある茶色いだんごができます。

また、タンポポ、カラスノエンドウ、オオイヌノフグリ、カタバミなどの野草は、だんごの盛りつけの「飾り」にもでき、さらに食べられるものもあります。食べられる地元の野草を探してみるのも、楽しい自然遊びの一つです。

なお、子どもたちには、食べられない野草もあることを伝え、むやみに口に入れないよう注意することを忘れずに。

4 盛りつける

大きめの葉をお皿にしたり、だんごの上に花びらを飾って完成です。きなこやあんこをつけて、いただきます！

自然遊び 5

表現する

自然に触れることで様々な感覚や感情、知識、思考を広げ、深めてきた子どもたち。その引き出しをすべて使って、子どもたちは自由に表現します。自分が感じたままに表現された作品には、それまでの子どもたちの体験すべてが生かされているのです。

色水ジャーニー

決められたものを表現するのではなく、子どもの中でしぜんにわきあがってくる「やりたい！」という思いに突き動かされた表現を大切にしてください。ここではそれを伝えたいと考え、園の日常で生まれた、表現をめぐる一つの物語「色水ジャーニー」を紹介します。

ツユクサがきれい！

「先生、見て」と、２歳の子がツユクサの花びらのついた指を差し出してきました。「きれいだね」という保育者の言葉に反応して、子どもたちの花びら集めが始まりました。

ブドウにも色があるんだね

遊びをさらに発展させたいと思い、翌月におこなう予定だった「色水遊び」を前倒ししておこない始めたある日、昼食に出たブドウを見た女の子が**「ブドウにも色があるんだね」とつぶやきました。**これまでもブドウを食べる機会はありましたが、色水遊びを通して何かを感じて出た言葉のようでした。

ブドウの色水作り！

それを調理スタッフに伝えたところ、**ブドウの皮を集めて「これで色水遊びしてみたら」と提案してくれました。**ビニール袋いっぱいのブドウの皮に水を入れてにおいをかいだり、もんでみたりと楽しむ子どもたち。紫色のきれいな色水ができあがりました。

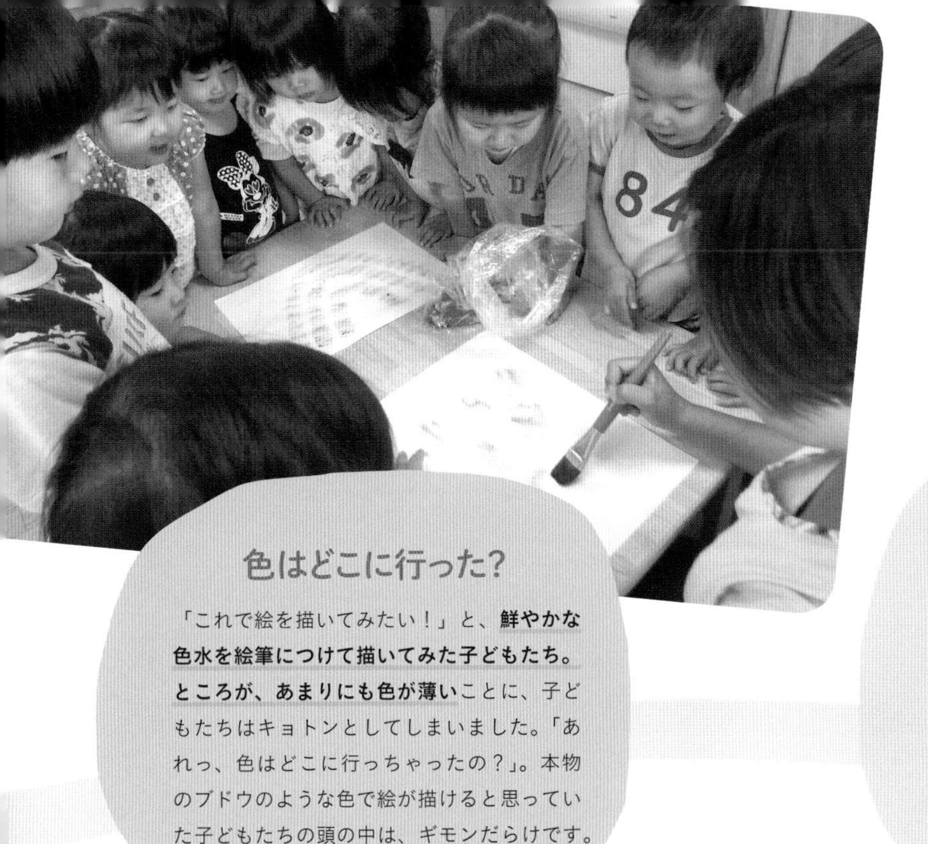

色はどこに行った?

「これで絵を描いてみたい！」と、**鮮やかな色水を絵筆につけて描いてみた子どもたち。ところが、あまりにも色が薄い**ことに、子どもたちはキョトンとしてしまいました。「あれっ、色はどこに行っちゃったの？」。本物のブドウのような色で絵が描けると思っていた子どもたちの頭の中は、ギモンだらけです。

丸ごとのブドウにびっくり！

２歳児のこの学びがさらに深まるよう、**今度は丸ごと一房のブドウを子どもたちに差し出しました。**いつもは房からはずされたブドウしか見たことがなかった子どもには、丸ごとのブドウは特別なものに見えたのでしょう。実を取っていくうちに現れてきた軸の部分を見て、「骨みたい」という気づきも出てきて、「ブドウを描いてみたい！」という思いが最高潮に達しました。

そして描いたブドウの絵

ブドウの実を絵の具のスタンプで表現しました。**子どもたちの心動く体験をベースに、指についたツユクサの花びらから、ブドウの絵という表現につながった「色水ジャーニー」の物語**は、このあとも様々な形で発展していきました。

光る泥だんご 2歳〜

泥だんご作りは、「泥遊び」を発展させた遊びです。「見る・触る」などの感覚への刺激、変化する泥との「対話」、作品として「表現する」までの一連の流れが体験できます。また泥だんごは、ごっこ遊びでの素材としても大人気です。自分で素材を作る醍醐味と、それを使って遊べる楽しさが味わえます。

必要なもの

- ビニール袋
- すりこぎ
- ふるい
- 目の細かい布

デコボコを整えて……。

1 土を丸める

水でぬらした土をだんご状に丸めます。

粉ができたよ！

2 ビニール袋に入れて置いておく

泥だんごの中心の水分が外に抜けるまで、**ビニール袋に入れて一日程度休ませます。**

ポイント

自分のものとわかるよう、ビニール袋に目印をつけます。

3 土の粉をだんごにかける

ベタベタ感がなくなったら、**土の粉をつけながら表面をやさしく丸めます。**

ポイント

土を乾かしてすりこぎなどで砕き、ふるいにかけることで細かい土の粉ができます。

4 みがく

目の細かい布など、ツルツルしたものでみがきます。

ひとことアドバイス！

大人も泥だんごを作ろう！

この「光る泥だんご作り」は、園内研修や懇談会などで、大人に体験してもらうのもオススメです。**子どもが熱中する世界が何なのか、大人が本気で作ってみることでその一部を垣間見ることができます。**大人も、自分が作った泥だんごにいつしか“愛着”をもっていることに気がつくでしょう。

子どもに見せる泥だんごの見本を作るときには、時短の裏技があります。泥だんごの芯に、カプセルトイのケースなど丸いものを入れることで、簡単に作ることができます。

ピカピカ！

自然遊び 5 表現する

自然遊び 6

探究する

自然遊びは、「不思議だな」「何でだろう？」と思う瞬間に満ちあふれています。その思いを、考えたり調べたりといった「科学する心」につなげていくことは、とても大切です。自然という答えのない環境だからこそ、様々な不思議に気づき、探究心を豊かに育むことができます。

探究セット

ここでは、子どもの探究心に火をつける“小さな科学者”養成グッズ、「探究セット」（右上）の使い方を紹介します。
自分で考え、調べるなど、事実を科学的にとらえようとする行動の大きな助けとなるのが「探究セット」です。「感じる――考える――創る――伝える」の「学びの黄金サイクル」（15ページ参照）を実現する、格好のツールでもあります。

探究セットを使う

探究活動を手助けするいろいろなグッズを、持ち運びできるセットにしておきます。**園の環境や子どもの発達段階によって中身を工夫するとよいでしょう。**ここで紹介する活動はほんの一例です。

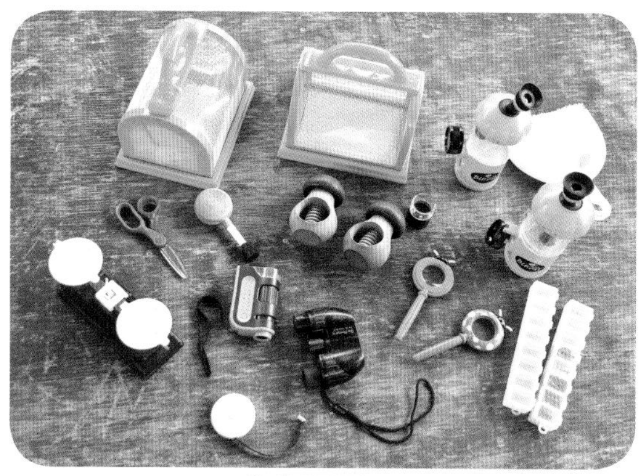

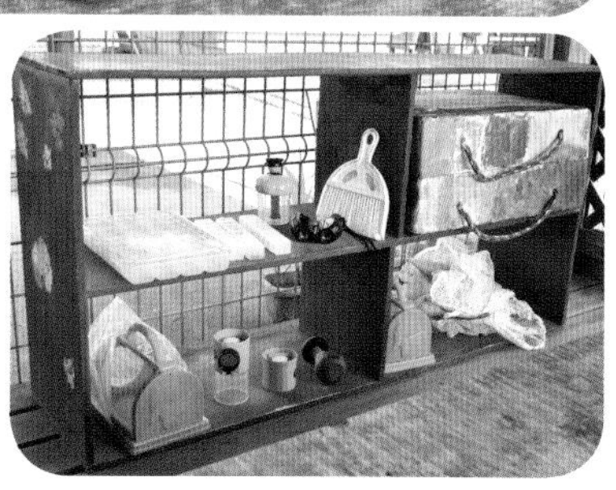

▲虫かご、いろいろな拡大鏡、はさみ、天びん、ブラシ、メジャー、木の実の殻割り、保存ケースなど

観察する

虫メガネなどで拡大して観察します。

いろいろな虫メガネ！

保存する

入れ物を使ったり、ノートにテープで貼ったりして保存します。

ひとこと
アドバイス！

探究に必要な環境づくりも

探究セットの中身に、特にきまりはありません。**年齢や発達段階に合わせて保育者がそれぞれ中身を考え、話し合ったうえで決めるとよいでしょう。**このように保育者が「考える」機会は、自然遊びの環境づくりをするうえでとても大切です。

ちなみに、探究セットをそろえる際は、いろいろなものが安価で手に入る百円ショップがオススメ。百円ショップは、探究グッズの宝庫です。

メモする

わかったことを絵や文字で表現します。人に「伝える」ことにつながります。

はかる

長さと重さをはかります。

種ハンター

草木や地面に目をこらすと、いろいろな種があることに気がつきます。「何の種？」「中はどうなっているの？」「どうしたら種から芽が出るの？」などなど、子どもたちの頭にはたくさんの「不思議だな」が浮かびます。心に芽生えたこの「科学の芽」を、探究セットで伸ばしましょう！

必要なもの

- 探究セット（虫メガネ、保存容器、紙やペンなど）

種を探究する

興味の向くままに、種をいろいろな切り口から探究してみましょう。

見比べる

種を台紙に並べて貼るなどして見比べ、分類します。

探す

いろいろな種を探して集めます。

調べる

浮かんだ疑問について、図鑑などで調べます。

探求する

自然遊び

つぶす

固い種を石などでつぶして中を確かめます。

こんな遊びも！

マラカスにする

ペットボトルなどに入れ、どんな音がするか、振って聞いてみます。

飾る

紙粘土をびんに巻いて種を埋め込み、飾りを作ります。

泥だんごに入れる

いろいろな種を泥だんごの中に入れ、そのままにしておくと、芽が出ます。

ひとことアドバイス！

調理室とコラボ！

昼食では、いろいろな野菜や果物を調理します。**そこで出た種を取っておいてもらえば、多様な種が手に入ります。**スイカ、メロン、オクラ、モモ、ブドウ、カキ、ピーマンなど、挙げればきりがありません。

果物や野菜の種は、水洗いして風通しのよい場所でザルなどに載せて乾燥させるとよいでしょう。こうした種を子どもたちに見せるだけでも、興味・関心が高まるすばらしい素材になります。

上からアウター、中間着、インナーの例

防寒！ 重ね着術

冬の寒さは、自然遊びの可能性を狭めてしまいます。ジッとしていると寒くなってしまうため、じっくりと観察したり、探したりといった活動がどうしても少なくなってしまうのです。

こんなとき、覚えておきたいのが重ね着術です。

重ね着は、重ねた服の間に空気の層をつくることで暖かくなります。しかし、子どもたちを見ていると、フリースや薄手のダウンジャケットをアウターとして着て寒がっているケースをよく見かけます。一見暖かそうに見えるのですが、風が吹いているときのフリースや、雨が降っているときのダウンジャケットなどは、その効果が発揮されていない残念な使い方なのです。

ここで、服の機能を最大限に活かすことのできる、重ね着の基本原則をお教えします。

インナーで汗などの「水」をコントロールし、中間着で「空気」の層をつくり、そしてアウターで「風や雨」を防ぎます。これを理解して重ね着をすれば、冬の寒さも気にせず、戸外で楽しく遊ぶことができます。

第3章

子どもと自然との出合いを「演出」する環境づくり

環境さえあれば、子どもたちはおのずと自然に触れるようになります。子どもと自然との出合いを演出するのは、まさに環境づくりの役目なのです。ここでは、環境づくりの考え方や実例を紹介します。

子どもが
自然に
触れたくなる
環境づくり

「おのずと遊びたくなる」環境づくりを

「環境を通した保育」とも言われるように、保育においては、子どもが自ら働きかけていけるような環境をつくることが大切だとされています。言い換えれば、**子どもたち一人ひとりが、それぞれの興味・関心にしたがって、自分の世界を広げていくことのできる環境を用意する**ことが必要です。

しかし実際は、環境よりも保育者などの「人間」がベースとなった保育が多いようにも感じています。例えば、「ある子どもが、なかなか自然に興味をもってくれない」といった悩みが出てくることがあるかもしれません。そこで無理に保育者がその子を自然に触れさせようとしても、なかなかうまくいかないと思います。

そもそも保育には「こうすればこうなる」という方程式のようなものはなく、ケース・バイ・ケースの状況にあふれています。その中で、「ほかの保育者はうまくいっているのに、どうして自分だけうまくいかないんだろう」などと、つい「人間」に原因を求める考え方におちいってしまいがちです。

このような場合、もちろん子どもに原因はありません。また、保育者個人にもありません。原因は、**その子どもがおのずと自然に触れたくなるような「環境」がない、ということにあるのです。**

園全体の「想い」を形に！

それでは、自然遊びのための環境を整えようと思ったときに、まずは何から考えていけばよいのでしょうか。そこでポイントになるのは、「園全体としてどんな『想い』をもっているか」ということ。自然遊びに限らず、環境をつくるときには、常にその「想い」に立ち返って考えることが大切です。**環境とは、「子どもたちにどう育ってほしいか、何を保障したいか」といった園全体の「想い」を形にしたもの**です。

「想い」を具体的な形にするときには、室内でのままごと遊びなどと同じ感覚で、テーマをもった空間をつくってみるのもオススメです。例えば、エディブルガーデン（食べられる植物を植えた庭）やバタフライガーデン（チョウチョの集まる庭）など。「想い」をどれだけ細かく「環境」に落とし込めるかが勝負であり、またワクワクするところです。環境づくりは、いわばマジックの“タネ”の仕込みに似ているのかもしれません。環境という「しかけ」によって、園の「想い」が実現に近づいていきます。

園全体で共有された「想い」があれば、常にそこに立ち返ることができ、環境づくりの方向性がブレることはありません。園の「想い」は、大切な環境づくりの指針なのです。

園の「想い」を環境という形にするには

すべての保育者が参加できる環境づくり

園の環境とは、「子どものこんな姿を見たい！」という園の「想い」があらわれたものです。では、具体的にどのように環境をつくっていけばよいのでしょうか。

いきなり「さあ、自然遊びの環境について話し合いましょう！」と言われても、自然遊びの引き出しがない保育者は困惑するでしょう。同時に、自然遊びにくわしい一部の保育者の独りよがりになるおそれもあります。そこで、テーマを事前にある程度しぼっておく、情報収集などの準備期間を設ける、全体で話す前にクラス単位など少人数で話す、大きく始める前にまずは小さく始めてみるなどの工夫が必要になります。**こうした計画を進める際には、誰一人ないがしろにしないよう、その分野がもっとも苦手な保育者でも安心できるスタイルで進めることが大切です。**

1 情報収集
〜一人も取り残さない工夫〜

自然遊びの環境づくりについて話し合うことになったら、二週間ほど準備期間を設け、それぞれの保育者が本やインターネットなどを通じて情報を集めます。

情報を集めるにあたっては、事前にテーマを伝えておくこともあります（以下の三つは実際に伝えたテーマの例）。事前にテーマがあることで、自然遊びにくわしくない保育者にとっても考えるきっかけになるからです。

- **0歳からでもできる**
- **子どもの五感を育てる**
- **自然遊びにくわしくない保育者でもできる**

2 アイデアを出し、熟考する

～園の「想い」を一つに～

まずクラスの担任ごとに集まってアイデアを出し、その後、それをベースに、園全体で実現していきたいことについて話し合います。これらを考えるときは、下の図のようなマインドマップ（キーワードをつなげて書き出していく方法）などを使うとよいでしょう。

環境づくりには、「自然遊びでクラスを越えた関わりをもたせたい！」「川などがない土地だからこそ、水遊びで水に親しんでほしい！」といった、保育者一人ひとりの想いがベースにあります。**そうした一人ひとりの想いを出し合いながら、園全体で「子どものこんな姿を見たい！」という想いを形づくることができれば、それがおのずと環境づくりの方針になっていきます。**

場所の使い方についてのアイデア出し

3 小さく試す

～スモールスタートで改善を重ねる～

出たアイデアを実現するために、何をどこに置くかなどを具体的に考えます。

ただ、「池や畑を作りたい！」といった話が出てきても、いきなりそれらを準備するには大きな労力や費用がかかります。そこで、まずはプロトタイプ（試作）を作ってみましょう。バケツに水を張るだけでも、小さな鉢に野菜の種を植えてみるだけでもOK。**初めから完成形を目指さず、小さく始めて少しずつ改善していくことで、無理なく園に自然環境を導入していくことができます。**小さな世界を子どもと大人で一緒につくっていく体験を楽しみながらおこないましょう。

また、自然遊びに力を入れていきたいときは、保護者に園のスタンスをさりげなく伝えていくことも大切です。例えば、「サイエンスコーナー」といった展示コーナーを設け、ひと月に一つ程度の自然にまつわる展示をおこないます。玄関の脇などにあれば、しぜんと保護者の目にとまるため、「この園は自然との関わりを大切にしているんだな」ということが伝わり、その後の自然遊びがおこないやすくなります。こうしたひと工夫も効果的です。

落ち葉プール［0歳～］

たくさんの落ち葉を集めて、プールを作ります。葉を集めること自体が楽しく、一枚の落ち葉の不思議さや美しさなどに目を向けるきっかけにもなります。落ち葉集めは、家庭に協力をお願いしやすいことも利点です。単発のイベントでなく、ぜひ日常保育の中でくり返しておこなってみましょう。

必要なもの

- 落ち葉
- ビニールプール

1 落ち葉を集める

落ち葉を集めながら、**思いっきり落ち葉に触れて楽しみましょう。**

ポイント

「落ち葉募集期間」を設けるなど、保護者に協力をお願いしてもよいでしょう。

＼投げたり！／

＼かけたり！／

＼埋もれたり！／

2 ビニールプールに入れる

落ち葉をたっぷりとビニールプールに入れます。

ポイント

プールの代わりに、大きめの段ボールなどを使っても OK です。

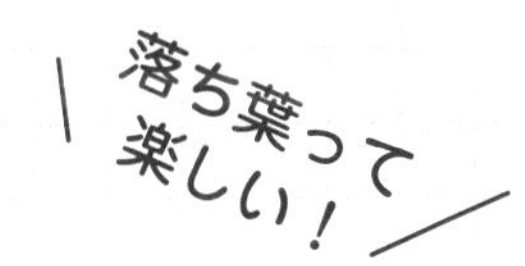

3 余った落ち葉は堆肥に

余った落ち葉や使った落ち葉をかたづけるときは、**園庭や木の下などにまいておく**と、堆肥となり土に還ります。

ひとこと
アドバイス！

大人も一緒に落ち葉を楽しもう！

落ち葉の中に手を入れてみると、大人も感動するくらいの気づきがあると思います。発酵した落ち葉の中は体温よりも高いくらいの温かさです。大人になってからはなかなかできない体験ですが、子どもと一緒だからこそできる遊びです。

落ち葉を放りあげたり、落ち葉の上に寝転んだり、落ち葉のお風呂につかったりと、心を解放して遊びます。ビニール袋に落ち葉を集めて、“落ち葉ぶとん”や“落ち葉まくら”などもできます。

落ち葉がたくさんあるほど楽しい遊びなので、ぜひビニールプールに入りきらないくらいの量を集めておこなってみましょう。

鳥を呼ぼう［1歳～］

園庭に鳥を呼ぶための環境づくりです。鳥や虫やチョウチョなど、様々な生き物に生活の場を提供することで、子どもの興味・関心が高まる空間になります。ここでは、スズメなどの小鳥を呼ぶための環境づくりをご紹介します。

必要なもの

フィーダー（えさ場）
- 穴を開けた板
- 結束バンド

バードバス（水浴び場）
- 鉢皿

巣箱
- 底に穴のある植木鉢

小鳥を呼ぼう

鳥の好む環境を用意すれば、鳥はおのずとやって来ます。例えば、スズメの場合、大好物のイネ科の植物（ネコジャラシなど）や、羽毛を手入れするための水浴びの場所を用意するだけで、すぐに遊びに来ます。

＼ネコジャラシをバラバラに……。／

ポイント 鉢植えでもよいので、近くに木があると小鳥の隠れ場所となり、より安心してえさを食べに来られます。また、屋根があると、カラスやハトなどの大きい鳥が入り込みません。

フィーダー（えさ場）

日用雑貨を使った簡単なフィーダーです。**ベランダの手すりなどに板を結束バンドで取り付けます。**ネコ対策として1.5mくらいの高さに設置します。鳥のえさやネコジャラシの穂、余ったごはんや果物などを置いておきます。

ポイント 板の設置がむずかしければ、皿などにえさを置くだけでもOK。

＼こんな形も！／

バードバス（水浴び場）

鉢皿など、浅い器に水を張っておきます。小鳥の多くは、一日数回水浴びをします。

ポイント

右の写真のように石などを入れたり、皿を吊るすことで水面が動きキラキラして、野鳥は水場をすぐに見つけてくれます。

巣穴

底に穴のある空の植木鉢などを壁に取り付けて横穴を作るだけでＯＫ。都市部では天然の樹洞のように小鳥が活用してくれます。

＼こんなところも巣穴に！／

ひとこと
アドバイス！

鳥とともに育つ子どもたち

鳥たちが集まる環境ができあがると、やがてそこで子育てが始まります。**子どもたちは、卵が産まれ、ヒナが孵り、大きくなって巣立つまでの物語に日常的にふれることができます。**鳥は毎日見かける子どもたちにも慣れ、だんだん近くに寄っても逃げなくなります。子どもたちも鳥たちに愛着をもって、子育て支援を始めます。それは、子どもたちが世話をする、鳥たちのための“保育園”とも言えるでしょう。また、より弱く小さな生き物が生きやすい環境は、子どもたちにとっても居心地のよい環境になっていきます。

こうした生き物を身近に感じる環境づくりは、初めは“点”の活動かもしれません。しかし、家庭や地域にその活動が広がれば“線”になり、やがて“面”になっていきます。そうすれば、鳥のさえずりで目覚め、秋には虫の声を楽しめるような自然豊かな空間を都市部にもつくることができるでしょう。

ハーブガーデン［0歳〜］

ハーブガーデンを作れば、ハーブを食べたり、チンキにしたりと手軽に生活に取り入れることができます。また、ハーブは嗅覚と味覚を刺激し、感覚を豊かにしてくれます。とても生命力が強く育てやすいハーブを使って、一つのプランターから「遊びと舌」で楽しめる小さなガーデンを始めてみるのはいかがでしょうか。

必要なもの

- プランター
- 土
- ハーブの苗や種

ハーブを植える

ハーブをプランターや園庭に植えます。**ここでは、オススメの和ハーブを中心に紹介します。**

サンショウ

サンショウの若い葉はお吸いものなどに浮かべると風味抜群。**調味料として身近な実も**、佃煮などにしておいしく食べられます。漢方や薬膳にもよく使われます。

シソ

言わずと知れた香り高い和ハーブで、28ページではシソふりかけを紹介しました。赤シソはシソジュース（上の写真）などにしてもOK。

ヨモギ

46ページで紹介した野草だんごや、天ぷら、味噌汁、お茶などになる万能の野草です。食べるだけでなく、止血や痛み止め、お風呂に入れるなどの使い方もできます。

イブキジャコウソウ

葉から、麝香（じゃこう）という**高級な香料に似たとてもよい香り**がします。ハーブティーやチンキにしても OK。夏には桃色の小さな花を咲かせます。

カラスノエンドウ

いわゆる“雑草”の一つですが、春に葉や茎のやわらかいところを摘み、熱湯で軽くゆでて水にさらせば、おひたしや和えものに。**サヤやマメももちろん食べられます。**

ドクダミ

44 ページのチンキ作りでも使ったドクダミは、独特な香りが嗅覚を刺激します。**別名「十薬（じゅうやく）」とも言うほど薬効があり、**ドクダミ茶などにもされます。

その他の野草

“雑草”と言われる**タンポポ、ツクシ、ナズナ、ハコベ、ユキノシタ、オオバコ、カタバミなどのワイルドハーブ（野草）は、すべて食べられます。**遊びの中で間違って口にしても問題なく、勝手に育つためオススメです。

ポイント

バジル、パセリ、タイム、セージ、シソなどの香りが強いハーブは、それぞれ相性のよい野菜と一緒に植えると病害虫を防いだりする効果があります。バジルとトマトの組み合わせが有名です。

ひとこと アドバイス！

“雑草”は宝物！

“雑草”と呼ばれるワイルドハーブ（野草）の６～７割は食べられるとも言われています。**ふだん不要なものとして駆除されてしまう雑草は、実は生活に活用できる宝物なのです。**雑草を食べられるワイルドハーブとしてとらえるだけでも、自然に向ける視点がガラリと変わるでしょう。

このように、捨てるものと思われているものが、実は保育においては魅力的な素材になることが多々あります。例えば、イモづるがリースになったり、落ち葉がプールになったり……。こうした体験が、環境を大切にする心を育むだけでなく、廃材集めなどで家庭や地域とつながる機会が増えるなど、園を中心として地域の生態系をあらためて見直す動きにもつながっていきます。

ダンゴムシ食堂［2歳〜］

もっとも身近な虫の一つ、ダンゴムシは雑食のため、どんな食べ物を与えても食べてくれます。箱の中にいろいろな食べ物を置いた「食堂」に、ダンゴムシたちを招待してみましょう！

必要なもの

- 20 〜 30cm 四方程度の箱
- えさ（煮干し、ソーセージ、鶏のささ身など）

1 ダンゴムシをつかまえる

ダンゴムシを 10 匹程度つかまえます。**プランターの下や落ち葉の積もったところなど**を探してみましょう。

ポイント

えさの上に落ち葉を少量かぶせておくだけでも、ダンゴムシはすぐに集まります。

2 食堂を作る

箱の四隅などにえさを置きます。**えさは昼食の余りなど、何でもOK**です。

ポイント

内側が白色系の箱にすると、ダンゴムシを観察しやすくなります。

3 観察する

つかまえてきたダンゴムシを入れたら、いつでも観察できます！

ポイント

ダンゴムシは紙やプラスチックの壁を登れないため、フタなどの覆いは不要です。

どのエサが好きかな？

ひとこと
アドバイス！

簡単虫採り！ 2つの秘策

幼児でも簡単に虫採りを体験できる方法を二つ紹介します。

一つ目は「トラップ」。例えばダンゴムシなら、えさを入れた紙コップの上から、底に穴を開けた紙コップを重ね、地面に掘った小さな穴に入れて落ち葉などをかけておきます。すると、しかけた紙コップの中にダンゴムシが落ちていきます。虫をだますドキドキ感があります。

二つ目は「ビーティング」。一人が傘を逆さに持ち、もう一人が棒で木や枝をたたきます。すると、いろいろな虫が落ちてきます。虫採りと言えば虫採り網ですが、使いこなすのは案外むずかしいもの。**この方法は簡単で、かつ思ってもみなかったいろいろな虫が採れるというおもしろさがあります。**そこに何がいるのかがわかることで、次の虫採りにもつながっていきます。

ほったらかしプランター［0歳〜］

自然環境がない、自然にくわしくない、といった理由で自然遊びをあきらめることは、とてももったいないことです。ごく簡単な方法で、自然を身近にすることができます。まず、「草花」をすぐに保育に取り入れることができる方法を紹介します！

必要なもの

- プランター
- シャベル

ほったらかしプランターを置く

プランターが一つあれば簡単にできる、三つのプランター活用法を紹介します。ほとんど“ほったらかし”でも力強く育っていく植物の生命力に、子どもたちはきっと驚き、わくわくするでしょう。

好きな土を入れる

家の庭や「このあたりの草花が好き！」と思える場所の土などを持ってきて、プランターの土に混ぜます。しばらくの間水をあげていると、何かが生えてきます。

ポイント

「〇〇くんの家の土」などの目印をつけ、いくつかを比べてみるのもおもしろいです。

雑草で
編み物！

雑草を植える

雑草が生えている土ごとビニール袋などに入れて運び、プランターの土にそのまま植えます。ただそれだけで、雑草は元気よく育ちます。

何が生えて
きたのかな？

種を植える

道端で拾ったり、野菜や果物などから取り除いた**ありったけの種を植えてみます。**何日間か水をあげていると、何かしらの芽が出てきます。「いつ何が生えてくるかな？」と待つ時間も楽しいものです。

ポイント
初めは調理室で取り除いたキュウリやカボチャの種などが手に入りやすく、おこないやすいでしょう。

ひとことアドバイス！

「土募集週間」を設けよう！

プランターは用意できても、そこに入れる土をすべて園で用意するのはなかなか大変です。そこで、家庭に協力をお願いしましょう。**「土募集週間」として、週末に小さいレジ袋ほどの量の土を持ってきてもらうのです。**その土をプランターに入れてきちんと配置しておくと、自然遊びを大切にしているという姿勢が保護者にも伝わります。

園での散歩中などに土を探すのもよいのですが、同じ場所から持ってきた土だけでなく、各家庭などいろいろな場所から集めた土のほうがおもしろい結果になります。

なんちゃって水辺 [0歳〜]

前のページの「ほったらかしプランター」では草花を扱いましたが、ここでは「水辺」をごく簡単に身近におくことができる方法をご紹介します。“なんちゃって”程度の小さな水辺でも、都会や住宅街などの生き物たちにとっては憩いの場になります。

必要なもの

- 池にする大きめの容器（トロ舟やベビーバスなど）

トロ舟は四角く大きなプラスチック容器で、ホームセンターで安価で購入できます。使わなくなったベビーバス（上）も、置き場所をとらず危険も少ないためオススメです。

なんちゃって水辺をつくる

池にする容器に水や大きな石などを入れます。 川などが近くにあれば、水草を採ってきて入れてもOK。やがて鳥やトンボなどいろいろな生き物がやって来ます。

＼こんなのいたかな？／

メダカが卵を産みそうだね！

メダカはボウフラを食べるため、蚊の対策にもなります。

＼冬場は天然の氷も！／

ひとこと
アドバイス！

水辺があれば「ガサガサ」してみよう！

「ガサガサ」とは、池や川のほとりなどで、地面から川の中に垂れさがるように生えている草の下を、網で「ガサガサ」することです。身を隠すことのできる物かげには、メダカやエビなど様々な生き物がいます。これらの生き物や水草などを園で作った池に入れておくと、やがて池の中やその周りに小さい生態系が生まれます。トンボがいつの間にか卵を産み、ヤゴを見かけるようなこともあるでしょう。

ふだんから見ていないと池の変化にはなかなか気づきにくいものですが、メダカなどの小さな生き物が池に入っていれば、おのずと毎日池を見る習慣がついてきます。

水遊び用シューズのススメ

園の近くに川があれば、水遊びがしたくなるものです。水遊びをするときには、いろいろなリスクを見越して準備をしていると思いますが、履物をひと工夫するだけで、さらにリスクを減らして水辺で遊ぶことができます。

理想の履物は水遊び専用のウォーターシューズですが、もしウォーターシューズがなくても、**身近なものを活用して水遊び用のシューズを簡単に自作することができます。**

まず、使わなくなった上履きを用意します。上履きは足全体を保護するだけでなく、流れのあるところで脱げたり、中に石が入ったりすることもありません。また、運動靴などの外履きよりも生地が薄いため水を含みにくく、靴が重くなりすぎることもありません。運動靴を使うと、水を吸ったときに予想以上に重くなり、流れがある場所では転倒のリスクが高まります。

次に、**手芸用のフェルトを、用意した上履きの靴底に合うように切り、ゴム用の接着剤で靴底に貼り付けます。**接着剤が固まるまで、上履きに石や厚い本などの重しを載せておくことが、しっかり接着するポイントです。河原や川底の石は滑りやすいため、このフェルトは滑り止めとして効果抜群です。また、尖った石の踏み抜き防止にもなります。こうした靴を用意しておけば、水遊びだけでなく、風水害などのときにも役立つでしょう。

ぜひ、自作のウォーターシューズでリスクを減らし、楽しい川遊びを満喫してください。

第４章

自然遊びをイベントで終わらせないために

自然遊びを単発のイベントで終わらせずに日常に根付かせるためには、自然遊びについての知識を園全体でどう共有していくかが大きなポイントです。その考え方と具体例を、実際に使われている資料とともに紹介します。

自然遊びを日常の保育に生かすには

よく見る（See）→ 考える（Think）→ 計画する（Plan）→ 実行する（Do）

子ども主体の保育を実現！

「子どもの興味をつなげていく」計画のしかた

自然遊びは「特別なイベント」として単発で終わらせるのではなく、日常的に何度もくり返しておこなえるようにしたいものです。そうすることで、日々の学びが次の学びにつながっていきます。例えば、園で見つけた草花があれば、それを使って遊んだり、食べたり、育てたりします。そこからさらに、関連した絵本を読んだり、絵を描いたり……。このように、**重層的に興味をつなげていくことが子どもの学びであり、子どもが自分の世界を広げることになるのです。**

では、自然遊びをどのように計画すればよいのでしょうか。**子ども主体の保育を実現するためには、計画ありきではなく、現在の子どもの姿をよく見たうえで計画を立てる**ことが大切です。くらき永田保育園では、「See――Think――Plan――Do」の流れを提案しています。まず子どもの姿をよく見て（See）、考え（Think）、計画し（Plan）、実行する（Do）のです。よく言われる「PDCA」サイクル、つまり「計画（Plan）→実行（Do）→評価（Check）→改善（Action）」の流れは、計画ありきの「やらせる保育」につながる心配もあるので注意が必要です。

なかなか日常にとけ込まない自然遊び

自然遊びを「日常的に」「意識的に」おこなっている園は、全国を見てもあまり多くないかもしれません。それはなぜなのでしょうか。

一つの特別なイベントであれば、計画から進行までしっかりと資料が保管されているかもしれません。しかし、日常保育の中での遊びについては、そうした資料が保管されることは少ないと思います。また、自然が大好きな保育者がいると、その人が中心に実施していくために、ほかの人が遊びのやり方などをよくわかっていないケースもあります。たとえ自然遊びのやり方は知っていたとしても、「そもそもそれって何のため？」など、大切なことが抜け落ちていることもあるかもしれません。

これらに共通するのは、**保育者の間で知識がうまく共有できていない**、ということです。

バラバラな知識を一つに！

日々の保育で実践されてきたことを園全体の財産にするには、どうしたらよいのでしょうか。

くらき永田保育園では、知識を共有する工夫として、60・61ページで紹介したようなアイデア出しの方法や、遊び方を蓄積するための資料の作成、自然遊びを担当する「木育（もくいく）」係の設定など、様々な工夫を取り入れています。**バラバラに散らばっていた自然遊びの知識を園全体で共有できれば、自然遊びを日常保育に取り入れることはより簡単になります。**

次のページからは、知識共有方法の具体例について、実際に使っている資料を交えて紹介します。

知識の共有：1

実践の記録

おこなった実践について、**簡単な資料と実践の様子がわかる写真をセットにしてまとめておきます。**

資料作りに時間がかからないよう、マインドマップなどを活用した手書きの簡素な記録でOK。**資料を残しておくことで、どんな意図をもって、どのようにおこなわれた遊びなのか、子どもの反応はどうだったか、といった情報がひと目でわかります。**

作成した資料は、スキャンしてファイル名をつけてパソコンに保存しておけばかさ張らず、あとから検索・閲覧しやすくなります。ファイル名は、「クラス＋月＋使った素材（葉、虫など）」程度で、ほかにも入れたい情報があればアレンジを加えます。保育のデータベース化はしにくいと思われがちですが、この程度の工夫でも充分に役に立ちます。

月案、週案

子ども主体の保育をおこなうには、「See」から新たな展開が生まれることが大切です。そのため、**月案、週案は細かく決めすぎず、ある程度幅をもって立てておきます。**「実践するときに頭の隅に置いておこう」程度の内容でよいでしょう。

この資料はマインドマップ形式で、実践が進むにつれて□（＝保育者の準備・関わり）や○（＝子どものつぶやき・気づき）を書き加えて広げていったり修正を加えたりします。

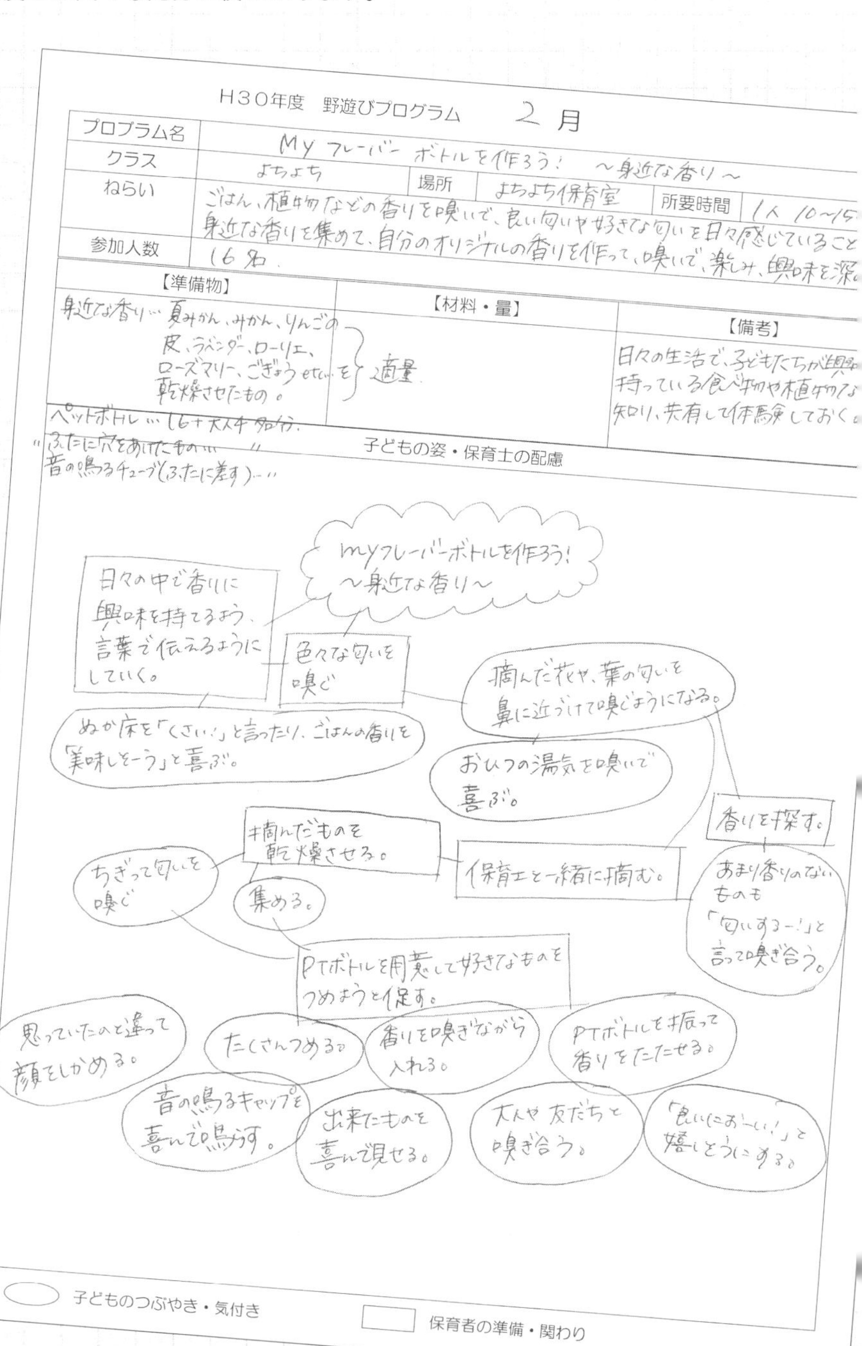

H30年度　野遊びプログラム　2月

プログラム名	Myフレーバーボトルを作ろう！　～身近な香り～				
クラス	よちよち	場所	よちよち保育室	所要時間	1人 10～15
ねらい	ごはん、植物などの香りを嗅いで、良い匂いや好きな匂いを日々感じていること 身近な香りを集めて、自分のオリジナルの香りを作って、嗅いで、楽しみ、興味を深				
参加人数	16名。				

【準備物】	【材料・量】	【備考】
身近な香り…夏みかん、みかん、りんごの皮、ラベンダー、ローリエ、ローズマリー、ごぎょうetc…を乾燥させたもの。 ペットボトル…16＋大人4名分。 〃ふたに穴をあけたもの…〃 音の鳴るチューブ（ふたに差す）…〃	適量	日々の生活で、子どもたちが興味を持っている食べ物や植物を知り、共有して体験しておく。

子どもの姿・保育士の配慮

H30年度　野遊びプログラム　11　月

プログラム名	夏みかんを食べよう	場所	園庭、室内	所要時間	
クラス	すくすく				
ねらい	・夏みかんが黄色くなっていく様子に気づく ・味や匂いを楽しむ				
参加人数					

【準備物】	【材料・量】	【備考】
・夏みかん		

活動	子どもの姿（反応・気付き）	保育者の働きかけ
・夏みかんがあることを知る	・夏みかんの存在を知り、興味を持つ ・触ってみようとする。 ・「黄色くなったら食べられるんだよね」と保育士や友達同士で確認し、食べることを楽しみにしている。 ・園庭に来ると夏みかんの色が変化しているかを確認し「黄色くなってきた」と言う。	・園庭に降りたらある木は夏みかんだということを伝える ・黄色くなったら食べられることを伝える
・夏みかんを収穫する	・夏みかんを引っ張り、採ることができると嬉しそうにする。 ・匂いを嗅いで「いいにおい」と言ったり、「早く食べたい」と言う。	・食べごろな夏みかんがあり、採ってみるように促す
・夏みかんを食べる	・保育士が皮をむいている様子を興味津々に見る。うす皮がついた夏みかんをもらうと匂いを嗅ぐ ・自分でうす皮をむいてみようと挑戦する ・中に種が入っていると「種があった」と言う。 ・夏みかんを食べると「おいしい」と嬉しそうに言い、「もっと食べたい」と保育士に伝える ・保育士が「すっぱい？」と聞くと「甘いよ」と言う ・野崎はあまり好きではなかったようだが、ほとんどの子が味を気に入りよく食べた ・後日「夏みかんおいしかったね」と食べたときのことを思い出し、話していた	・子どもの前で皮をむき1人1つずつ渡す（うす皮がついた状態） ・うす皮をむいて食べることを伝え、順番に皮をむいていく。

日案

日々の実践の記録はいわゆる「日誌」に書いていると思いますが、**日誌はあとで共有しにくいため、このように別紙で日案の資料を作っています。**日誌からの転記など、よけいな作業をなるべく少なくすることが大切です。

知識の共有：2

簡単な遊びの記録

大きなイベントなどは、計画段階から資料を作成していたりするため、引き継ぎもしやすいものです。しかし、イベント未満の日々のささいな遊びは、なかなかほかのクラスや学年に伝わっていきません。これらの**簡単な遊びも、写真とともに遊び方を簡潔に書き残しておくことで、園全体での「遊びの引き出し」が増えます。**

新たに保育者が入園したとき、とまどうことなくすぐに仕事ができるよう、園が日々大切にしている様々な物事を伝達することはとても大切です。そのためにも、「どのレベルの遊びまで記録として残したいか」を話し合ったうえで、場合によっては「こんな程度でも？」と思うようなものでも記録に残していきます。

こうした簡単なデータベースがあれば、自然遊びが得意でない保育者や新人保育者でも「こういう世界があるんだ！」「園はこういうことを大切にしているんだ！」とイメージがわき、モチベーションも高まります。

簡単な遊びの記録

誰でもできるようなささいな遊びを、**Ａ４判用紙一枚程度で簡単な文章と写真に残しておきます。**数が増えてきたら、対象や使うものなどで適宜分類します。

このくらいでもOK！

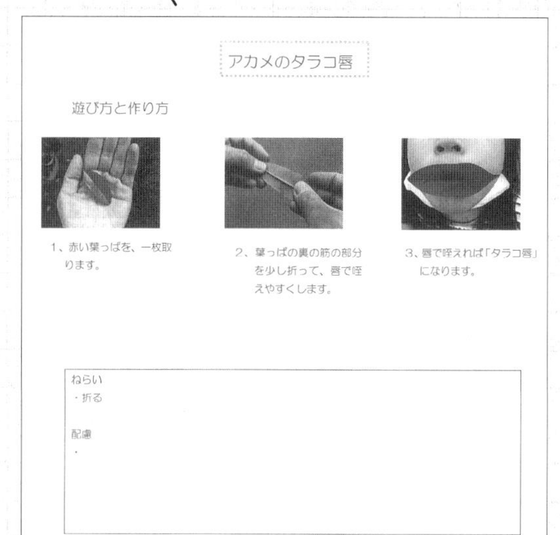
アカメのタラコ唇

遊び方と作り方

1、赤い葉っぱを、一枚取ります。

2、葉っぱの裏の筋の部分を少し折って、唇で咥えやすくします。

3、唇で咥えれば「タラコ唇」になります。

ねらい
・折る

配慮
・

文字だけで残すことも

プログラム名	すずな鳴らし	
対象年齢 季節	乳児・幼児 春・夏・秋・冬	
ねらい	・手首をひねり音を鳴らす	
場所・実施時間	園庭・テラス・その他（　　　　）	
時間	活動	配慮・アドバイス
	・すずながどれかを探す ・一つずつ茎を裂く ・手首をひねり音を楽しむ	・見本を見せすずなを見つけるように促す。 ・乳児には裂いてあげる ・幼児には少しだけ裂くように声がけをする 用意するもの ・すずな

ドングリの笛

遊び方と作り方

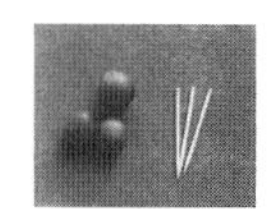
1、ドングリの笛の作り方です。まず、丸くて大きいドングリ（クヌギやアベマキ）とつまようじを用意します。

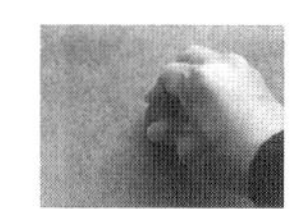
2、ドングリを、コンクリートの地面でこすって穴を開けます。

3、穴の大きさは、5~7mmくらいです。

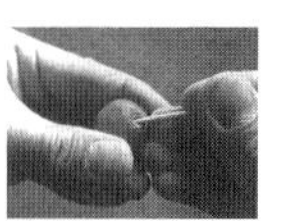
4、中身をつまようじを使って、ほじくり出します。

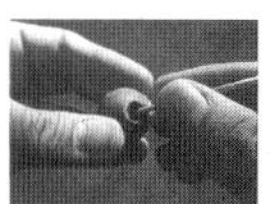
5、全部ほじくり出すには、結構時間がかかります。大人でも20分は、かかります。

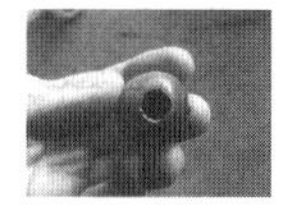
6、ほじくり終わったら完成。口に近づけて、勢いよく吹くと「ヒュッ」と高い音が鳴ります。

ねらい
・吹く

配慮
・あらかじめ、ドングリを蒸し器で蒸しておくと、中身が柔らかくなって、ほじくりやすいです。（虫も死にます。虫が苦手な方は、蒸すことをおすすめします。）
・ほじくる時、つまようじだと折れたり、曲がったりして、ほじくるのに時間がかかります。太目のハリガネや、釘などを使うといいかも知れません。
・ハサミを回すように、ほじくっても早いです。

8

プログラム名	初めてシリーズ　朝顔で色水
ねらい	朝顔を指でつぶしてみせる。
対象年齢	乳児　・　幼児
季節	春　・　夏　・　秋　・　冬
場所	園庭　・　テラス　・　その他（ 2F ウッドデッキ ）
実施時間	AM　・　PM

《　活動内容　》

・袋の中に水を入れておく。

・その中に朝顔を入れ 子どもと一緒につぶしてみる

・色水をペットボトルやカップなどに入れ 見て楽しんだり、凍らせてみる。

9月

プログラム名	初めてシリーズ　初めての ネコじゃらし
ねらい	ネコじゃらしに触れる。
対象年齢	乳児　・　幼児
季節	春　・　夏　・　秋　・　冬
場所	園庭　・　テラス　・　その他（ ウッドデッキ ）
実施時間	AM　・　PM

《　活動内容　》

・職員がテラスからネコじゃらしを取ってくる。

・子どもに渡たし、触れてみる

― 3 ―

初めてシリーズ

自然遊びというと、3～5歳児向けの遊びが多くなってしまいがちです。そこで、**0～2歳児ができる遊びを「初めてシリーズ」としてまとめています。** A５判用紙の表に遊びの簡単な説明を書き、裏にそのときの様子がわかる写真を貼りつけています。

6

プログラム名	初めてシリーズ 花氷
ねらい	冷めたさを感じる
対象年齢	乳児　・　幼児
季節	春　・　夏　・　秋　・　冬
場所	園庭　・　テラス　・　その他（ 2F ウッドデッキ ）
実施時間	AM　・　PM

《　活動内容　》

・前もってテラスの花を製氷皿に入れ凍らせておく。

・お皿に入れ提供をする。

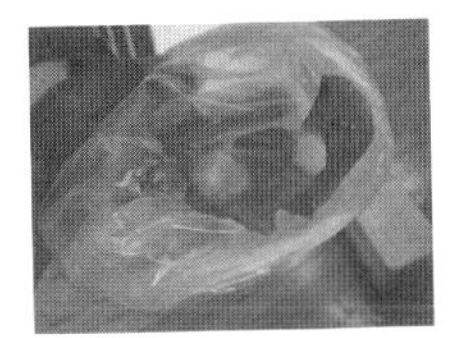

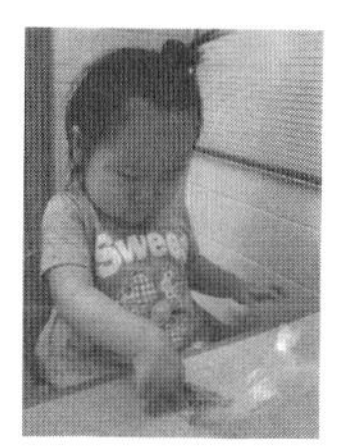

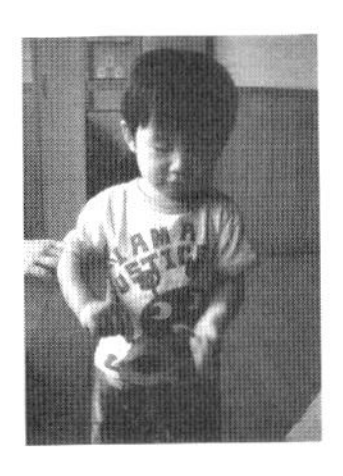

36ページで紹介した花氷も！

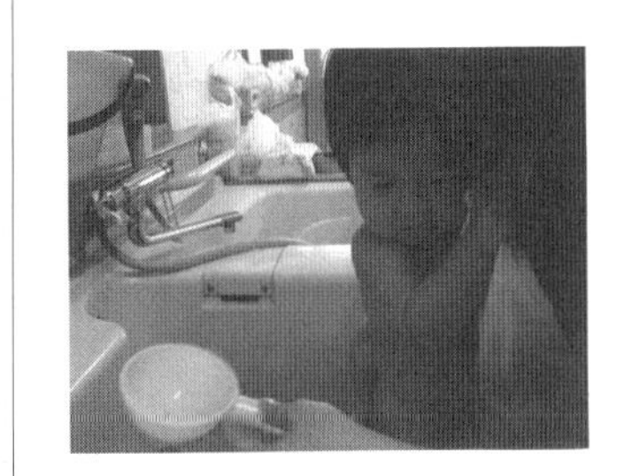

知識の共有：3

園庭マップ

どの時期にどんなことをやっていたか、園庭の見取り図に記入していきます。「この場所によくダンゴムシがいる」「梅雨の時期はよく子どもたちがここで泥遊びをしている」など、**小さな情報の積み重ねが日々の保育や環境づくりに役立っていきます。**

また、園庭のプランターや公園の木などを、年間を通じて定点観測で写真撮影しておくことで、どの時期に何が保育に活用できるかがひと目でわかります。植物だけでなく「建物の影」など、様々な視点で残しておくとよいでしょう。

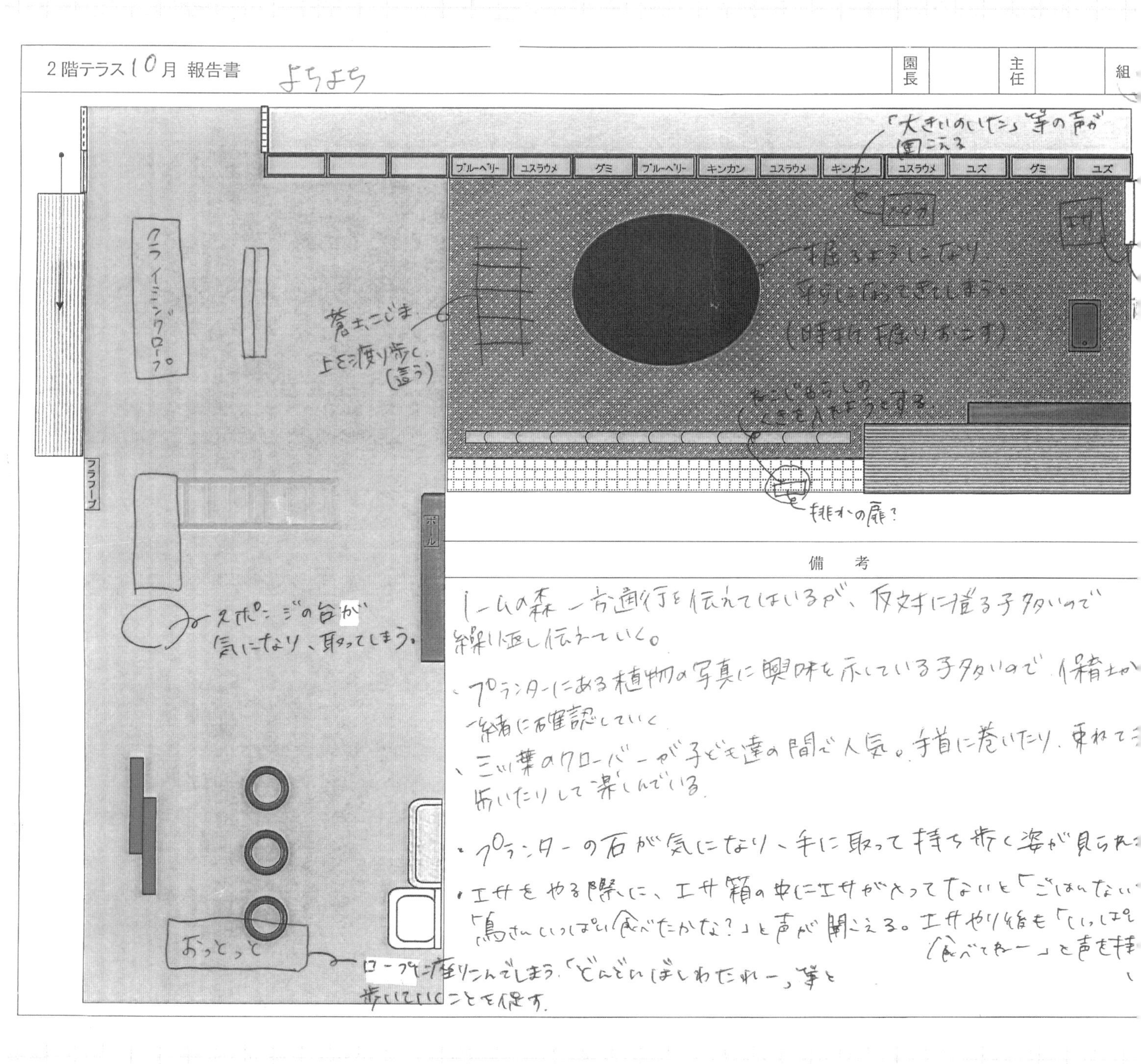

2階テラス 10月 報告書　よちよち

園長		主任		組

備考

・ロープに座りこんでしまう「どんどんばしわたれー」等と歩いていくことを促す。

・プランターにある植物の写真に興味を示している子多いので保育士が一緒に確認していく

・三ツ葉のクローバーが子ども達の間で人気。手首に巻いたり、束ねて持ち歩いたりして楽しんでいる

・プランターの石が気になり、手に取って持ち歩く姿が見られた

・エサをやる際に、エサ箱の中にエサが入ってないと「ごはんない」「鳥さんいっぱい食べたかな？」と声が聞こえる。エサやり後も「いっぱい食べてねー」と声を掛け

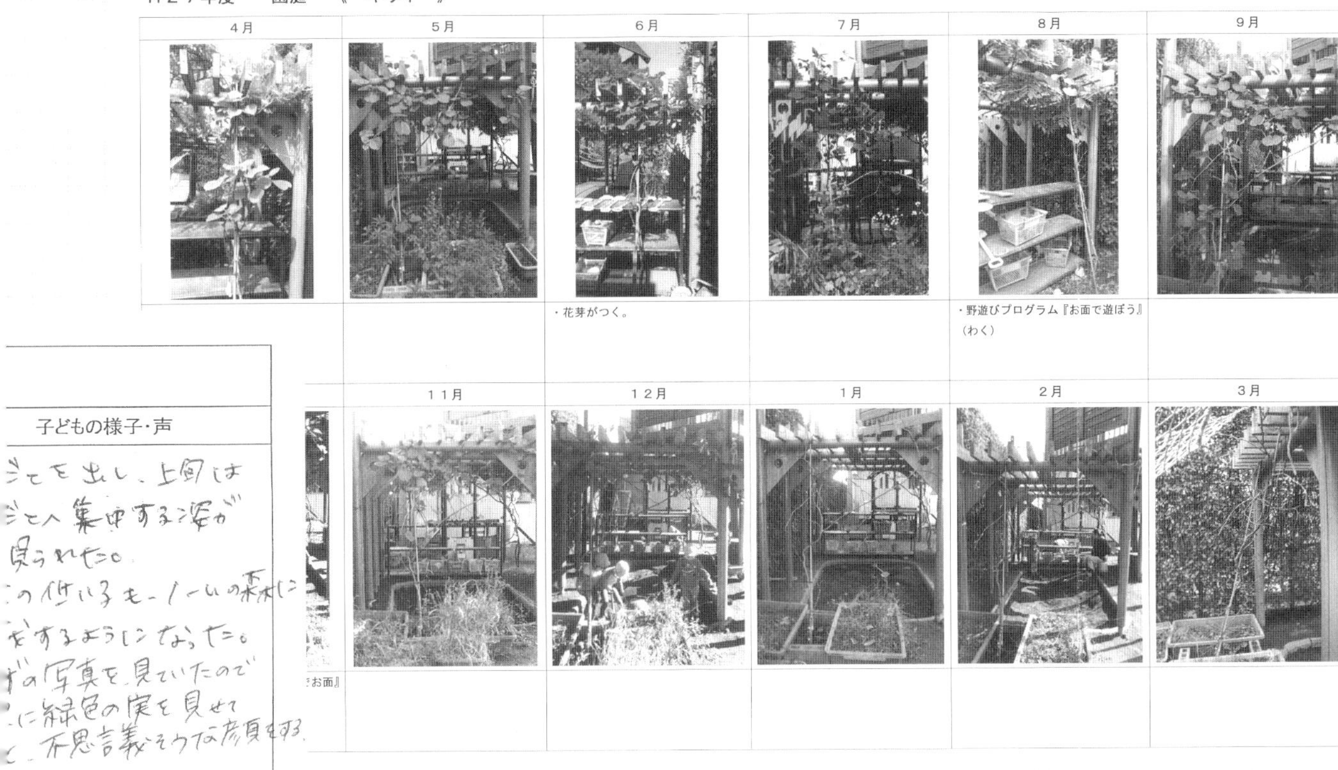

Ｈ２７年度　　園庭　《　キウイ　》

4月	5月	6月	7月	8月	9月
		・花芽がつく。		・野遊びプログラム『お面で遊ぼう』（わく）	

	11月	12月	1月	2月	3月
お面』					

子どもの様子・声

ってを出し、上旬は
こと人集中する姿が
見られた。
この他いろも一ノールの森に
するようになった。
の写真を見ていたので
に緑色の実を見せて
不思議そうな顔をする

発見・気付いた事

やり後、全員がテラス
室内に戻る頃 たくさん
がやって来て、エサを食
いる。室内にも鳥の
声が聞こえてくる

保育士の配慮

とコーナーで、テーブル
の取り合いが発生して
ので2台出した。
10月など靴の裏に泥
ている状態で遊具
用すると滑ってしまうこと
ったので、確認していく

花ごよみ

同じ場所を毎月撮影し、一枚の紙にまとめます。園の植物などがどの月に、どんな状態になっているかがわかるため、長いスパンで遊びを計画しやすくなります。

園庭マップ

クラスごとに毎月、園庭のどこで、どのようなことがあったかを記入しています。園庭の環境づくりの際にも役に立つ資料になります。

知識の共有：4

「木育（もくいく）」係

保育においては、異学年間、同学年間の“タテとヨコ”のつながりが非常に大切です。くらき永田保育園では、全保育者が必ず「食育」「木育（もくいく）」「遊言育（ゆうこといく）」のどれか一つの係を担当します。クラスは複数担任制のため、必ず**三つの係がクラス内にいるようにし、クラスごとや全体で話し合いながら、それぞれの目標を年間の計画に落とし込んでいきます。**これによって、三つの係それぞれのもつ知識が共有できるとともに、遊びを単発で終わらせずに、年間を見通しておこなうことができます。

自然遊びを担当するのは、主に「木育」係です。木育係全員での会議を月に一回おこない、実践の共有や今後の展開、安全事項の検討、その他研修などのイベント運営計画について話し合います。日常業務を圧迫しないよう、会議はなるべく短い時間で終わらせます。

「木育」係の具体的な仕事は、前のページで紹介した「園庭マップ」などの作成に加えて、保護者向けブログの作成や、右ページのようなイベント・研修の企画運営などがあります。

＼係で話し合い！／

＼試してみたり／

＼動画を共有したり／

野遊びアワード

園では、年に二回「野遊びアワード」を開催しています。園の保育者それぞれが野遊びの実践を発表して相互に投票し、最多得票者を表彰します。一人あたり五分以内を目安とした、プチ実践発表の場です。**得票が励みになるだけでなく、ほかの保育者の実践を知るよい機会となります。**

野草って、
おいしい！

職員研修

遊びの「技術」は学べば身につきますが、「遊び心」は経験がなければ育ちません。この**「遊び心」を育てる、保育者向けの研修などを企画します。**研修とはいっても、自然豊かな近郊に半日程度遊びに行ったりするだけです。園で研修として公式に認めることで、時間や費用の面でも気兼ねなく自然遊びに出かけることができます。

ほかにも、「ロープの結び方」などテーマを設けた10分ほどの研修を年に三〜四回おこないます。

「今」こそ自然遊びを！

人間が失ってきたもの

現代社会では、もともと人間がおこなっていた作業や仕事が、知らず知らずのうちにAIやロボットにとって替わられ始めています。便利さと引き換えに何を失ってきたのかを検証するのは未来の人間に任せるとしますが、「便利な社会」というのは、「人がこれまでやってきたことをやらなくなった社会」とも言えます。そもそも人間は「自然や環境と対話しながら機能を高めてきた動物」ですから、便利さが高まり、自然や環境との対話が減ってきている現代の状況は、「人類の退化」さえ意味しているのかもしれません。

そんな中、都市部で園庭のない保育園が認可されるようになってきたといった事実は、「自然の中で遊ぶことよりも大切なものがある」という価値観が強まっていることを暗に示しているようにも思えます。

たまたま「今」という時代に生まれた子どもたちは、自然物の中ではめったに見られない「直線」をもった物体に囲まれています。さらには、生まれたばかりの子どもであっても、情報処理が追いつかないほど刺激にあふれた空間に置かれ、興奮状態の中で絶えず受け身のまま生きているのかもしれません。

子どもたちだけでなく、大人たちも含めて**「自然に触れることが人間に何をもたらすのか」について、そろそろ真面目に考えなければならない時代になってきた**と、私は思うのです。

「心動く」体験を大切に！

私は学者でも保育士でもなく、ただの自然好きな園長ですが、保育の現場では自然に触れて生き生きと育っていく子どもたちを常に見ています。その子どもたちの「学び」と「育ち」は、自然がある空間だからこそ、また自然物だからこそもたらされたものです。

植物や虫、土といったあらゆる自然物に触れた瞬間、子どもたちの「命のいちばん深いところ」からは何かがわきあがってきます。**不思議だな、きれいだなといった言葉になるよりも前の、そんな「心が動く」体験をたくさんしてもらいたい**と思うのです。自然に触れ、そして、心が動くという体験は、ほかの誰でもない自分自身に向き合い、自分自身を知っていくための第一歩にもなります。

この本のテーマは、方程式のように答えがスッキリと出るものではありませんが、文明によって私たちが失いつつある人間としての「自然性」をもう一度取り戻す手助けになればと思っています。

自然遊びで、育児が変わる!

本書を製作するにあたって最初に取り決めたのは、「自然遊びを羅列するだけの紹介本にはしない」ということでした。本書では、自然遊びの原理原則などの基本的な「考え方」の部分にもページを割き、また遊び紹介のページでも様々な応用がきくように配慮してあります。園や地域によって、野草や虫の種類も違えば気候も違うなど、自然環境は千差万別です。**自然遊びの「考え方」をおさえておくことで、園に自然遊びを取り入れる際にアレンジを加えたり、新しい自然遊びを考え出したりしやすくなります。**

また、自然遊びにあたって、「なぜそうするのか」を知ったうえでおこなうことはとても大切です。自然遊びの大切さを語る言葉をもっていることで、自然遊びに躊躇する保護者へも説明することができます。衣服の汚れや安全面などからできることを狭めていってしまうのではなく、**子どもの輝く姿を見ることのできる自然遊びの価値をあらためて感じていただけたら**と願っています。

自然遊びを保育に、子育てに活用していく大切なエッセンスが詰まった「自然と育児」の本として、本書を末永く活用していただけたら幸いです。

くらき永田保育園　園長
鈴木　八朗

編著　**鈴木八朗**（すずき・はちろう）

神奈川県横浜市の「くらき永田保育園」（社会福祉法人・久良岐母子福祉会）園長。系列の母子生活支援施設にて社会福祉士として勤務した後、2002年の同園開園と同時に園長就任。虐待やDVから逃れてきた母子を対象に個別性の高いサポートをおこなってきたこともあり、「個」に応じた保育デザインを大切にしている。趣味のアウトドアを生かして、環境教育や自然体験活動にも力を入れている。おもな著書に『40のサインでわかる乳幼児の発達』（黎明書房）、『発達のサインが見えるともっと楽しい　0・1・2さい児の遊びとくらし』（メイト）、『0・1・2歳児の遊びと育ちを支える　保育室のつくり方』（チャイルド社）など。

編集協力　高宮宏之（株式会社キャデック）
撮影　野澤 修（野澤写真事務所）・鈴木八朗
デザイン　阿部美樹子
編集　保科慎太郎

子どもの心を動かす体験がそこにある！

「自然遊び」でひろがる0歳からの保育

2021年4月1日　初版発行ⓒ

編　　著　鈴木八朗
発 行 人　竹井 亮
発行・発売　株式会社メイト
〒114-0023 東京都北区滝野川7-46-1
明治滝野川ビル7・8F
TEL 03-5974-1700（代表）
製版・印刷　光栄印刷株式会社